Vincent Amiel / Claire Payen
Dorian Nieto

I love cuisine au Cookeo

150 RECETTES

SOLAR EDITIONS

Sommaire

Introduction

Simplifiez-vous la vie avec ces 150 recettes pour cuisiner au Cookeo et faites le plein d'idées pour des repas variés et faciles à préparer chaque jour de la semaine.

En effet, grâce à cet assistant culinaire capable de (presque) tout faire à votre place, vous pourrez désormais élaborer des menus rimant avec saveur, équilibre et variété. Dorer, cuire à la vapeur ou rapidement sous pression, mijoter de bons petits plats, se lancer en toute sécurité quand vous l'avez programmé, conserver votre repas au chaud ou le réchauffer, il pense à tout !

Vous serez guidé, étape par étape, par les explications claires et concises des auteurs pour réaliser des soupes gourmandes, des plats de viande ou de poisson qui raviront toutes les papilles, des plats végétariens complets et même des desserts gourmands pour les envies de sucré. Retrouvez le plaisir de cuisiner sainement et rapidement pour toute la famille : le Cookeo prend possession de votre cuisine !

I LOVE ma cuisine au Cookeo pour enfin bien manger tous les jours de la semaine sans vous prendre la tête !

Soupes

Soupe DE PETITS légumes au basilic

PRÉPARATION : 8 MIN

CUISSON : 13 MIN

POUR 4 PERS.

INGRÉDIENTS

- 300 g de carottes
- 1 poireau
- 2 navets
- 2 belles pommes de terre
- 1 oignon blanc
- 2 feuilles de laurier
- 1 gousse d'ail
- 1 botte de basilic
- 30 g de parmesan râpé
- Huile d'olive
- Sel, poivre

PRÉPARATION

1. Épluchez et coupez en petits morceaux les carottes, le poireau, les navets, les pommes de terre et l'oignon blanc.

2. Faites revenir les morceaux de légumes dans la cuve de votre appareil avec 1 filet d'huile d'olive en mode dorer pendant 3 minutes.

3. Versez 40 cl d'eau, ajoutez les feuilles de laurier et faites cuire 10 minutes en mode cuisson rapide.

4. Retirez le laurier et ajoutez la gousse d'ail préalablement épluchée et hachée. Salez et poivrez.

5. Au dernier moment, agrémentez la soupe de basilic ciselé et de parmesan râpé.

Velouté DE COURGETTES *au pesto*

PRÉPARATION : 5 MIN

CUISSON : 6 MIN

POUR 4 PERS.

INGRÉDIENTS

- 800 g de courgettes coupées en cubes
- 1 gousse d'ail émincée
- 1 oignon coupé en dés
- 1 cube de bouillon de légumes
- 1 cuil. à soupe de pesto
- 1 tige de basilic effeuillée
- 1 cuil. à soupe d'huile d'olive
- Sel, poivre

PRÉPARATION

1. Versez l'huile, l'ail et l'oignon dans la cuve et mettez le robot en mode dorer. Remuez à l'aide d'une cuillère en bois pendant le temps du préchauffage.
2. Ajoutez les courgettes, 20 cl d'eau et le cube de bouillon, salez, poivrez et mélangez. Fermez le couvercle et mettez le robot en mode sous pression pour 3 minutes.
3. Passez le tout au mixeur plongeant. Ajoutez le pesto et mélangez.
4. Servez dans les assiettes et parsemez de feuilles de basilic.

Une cuillerée à soupe de parmesan râpé relèvera agréablement ce plat.

Crème DE CHOU-FLEUR *au curry*

PRÉPARATION : 15 MIN

CUISSON : 10 MIN

POUR 4 PERS.

INGRÉDIENTS

- 500 g de chou-fleur coupé en bouquets
- 250 g de pommes de terre pelées et coupées en cubes
- 1 oignon pelé et coupé en cubes
- 30 cl de bouillon de légumes
- 30 cl de lait
- ½ cuil. à café de curry en poudre
- 2 cuil. à soupe de crème fraîche
- Sel, poivre

PRÉPARATION

1. Placez tous les ingrédients, sauf la crème, dans la cuve du robot. Salez légèrement et poivrez.
2. Mettez le robot en mode sous pression pour 10 minutes.
3. Ouvrez, puis mixez à l'aide d'un mixeur plongeant jusqu'à obtenir un velouté bien lisse.
4. Ajoutez la crème et mélangez à la cuillère.

Attention à l'assaisonnement, le bouillon est peut-être assez salé !

VELOUTÉ *forestier*

PRÉPARATION : 10 MIN

CUISSON : 9 MIN

POUR 4 PERS.

INGRÉDIENTS

- 400 g de champignons de Paris nettoyés et coupés en deux
- 200 g de champignons des bois mélangés, nettoyés et coupés en deux
- 20 g de beurre
- 1 gousse d'ail pelée et coupée en deux
- 1 oignon pelé et coupé en cubes
- 1 cube de bouillon de légumes
- 20 cl de crème liquide entière
- Sel, poivre

PRÉPARATION

1. Déposez le beurre, l'ail et l'oignon dans la cuve et mettez le robot en mode dorer. Remuez à l'aide d'une cuillère en bois pendant le temps du préchauffage.
2. Ajoutez les champignons, le cube de bouillon et 40 cl d'eau, salez, poivrez, fermez le couvercle et mettez le robot en mode sous pression pour 6 minutes.
3. Ajoutez la crème et mixez.

Pour réaliser cette recette en toute saison, n'hésitez pas à utiliser des champignons surgelés.

Soupe DE TOMATES aux courgettes

PRÉPARATION : 5 MIN

CUISSON : 11 MIN

POUR 4 PERS.

INGRÉDIENTS

- 800 g de tomates concassées
- 300 g de courgettes coupées en petits morceaux
- 1 oignon pelé et coupé en cubes
- 2 gousses d'ail pelées et hachées finement
- 1 cuil. à café de sucre en poudre
- 2 feuilles de laurier
- 2 tiges de basilic effeuillées
- 1 cuil. à soupe d'huile d'olive
- Sel, poivre

PRÉPARATION

1. Versez l'huile, l'oignon, l'ail et les courgettes dans la cuve et mettez le robot en mode dorer . Remuez à l'aide d'une cuillère en bois pendant le temps du préchauffage.

2. Ajoutez les tomates concassées, le sucre, le laurier, la moitié du basilic et 20 cl d'eau, salez, poivrez, mélangez. Fermez le couvercle et mettez le robot en mode sous pression pour 8 minutes.

3. Parsemez le basilic restant et servez aussitôt.

Une cuillerée à café de paprika saura rehausser cette soupe agréablement.

VELOUTÉ *de petits pois*

PRÉPARATION : 3 MIN

CUISSON : 6 MIN

POUR 4 PERS.

INGRÉDIENTS

- 400 g de petits pois surgelés
- 4 oignons nouveaux, verts et blancs émincés séparément
- 1 cube de bouillon de légumes
- 2 tiges de menthe effeuillées + un peu pour servir
- Sel, poivre

PRÉPARATION

1. Versez 40 cl d'eau, le cube de bouillon émietté, les petits pois, le blanc des oignons, salez légèrement, poivrez, refermez le couvercle et mettez le robot en mode sous pression pour 6 minutes.
2. Ajoutez les feuilles de menthe et passez le tout au mixeur plongeant.
3. Servez accompagné du vert des oignons et de quelques feuilles de menthe.

Vous pouvez ajouter, au dernier moment, 1 cuillerée à soupe de crème fraîche dans chaque assiette.

SOUPE de potiron et chèvre

PRÉPARATION : 8 MIN

CUISSON : 12 MIN

POUR 4 PERS.

INGRÉDIENTS

- 1,2 kg de potiron
- 100 g de fromage de chèvre frais
- 6 échalotes
- 4 gousses d'ail
- 2 branches de romarin
- Huile d'olive
- Sel, poivre

PRÉPARATION

1. Épluchez le potiron, les échalotes et l'ail. Évidez le potiron et coupez-le en morceaux.
2. Émincez les échalotes et l'ail et faites-les revenir dans la cuve de votre appareil avec 1 filet d'huile d'olive en mode dorer pendant 2 minutes.
3. Ajoutez 50 cl d'eau, le potiron et 1 branche de romarin effeuillée. Faites cuire 10 minutes en mode cuisson rapide.
4. Salez, poivrez et mixez.
5. Effeuillez et hachez le romarin restant.
6. Agrémentez la soupe de fromage de chèvre et de romarin.

Soupe DE BETTERAVE *aux lentilles corail*

PRÉPARATION : 5 MIN

CUISSON : 12 MIN

POUR 4 PERS.

INGRÉDIENTS

- 450 g de betteraves cuites
- 150 g de lentilles corail
- 1 oignon jaune
- 2 gousses d'ail
- 80 g de feta
- ¼ de botte de persil
- 1 cuil. à soupe de graines de cumin
- Huile d'olive
- Sel, poivre

PRÉPARATION

1. Épluchez les betteraves, l'oignon et l'ail. Coupez les betteraves en morceaux.
2. Émincez l'oignon et l'ail et faites-les revenir dans le fond de votre appareil avec 1 filet d'huile d'olive en mode dorer pendant 2 minutes. Ajoutez un peu d'eau s'ils colorent.
3. Versez dans la cuve 60 cl d'eau, les lentilles corail, la betterave, le cumin et faites cuire 10 minutes en mode cuisson rapide.
4. Mixez, salez et poivrez.
5. Au dernier moment, agrémentez la soupe de feta effritée et de persil haché.

Velouté DE PATATES DOUCES *à l'indienne*

PRÉPARATION : 5 MIN

CUISSON : 9 MIN

POUR 4 PERS.

INGRÉDIENTS

- 800 g de patates douces coupées en gros dés
- 1 oignon coupé en gros dés
- 1 cuil. à café de pâte de curry jaune
- 20 cl de lait de coco
- 1 cuil. à soupe d'huile neutre
- Sel, poivre

PRÉPARATION

1. Versez l'huile et l'oignon dans la cuve et mettez le robot en mode dorer . Remuez à l'aide d'une cuillère en bois pendant le temps du préchauffage.
2. Ajoutez les patates douces, la pâte de curry, 20 cl d'eau, mélangez, fermez le couvercle et mettez le robot en mode sous pression pour 6 minutes.
3. Mixez le tout au mixeur plongeant, puis ajoutez le lait de coco, salez, poivrez et mélangez.

Pour une saveur plus intense, ajoutez 1 cuillerée supplémentaire de pâte de curry.

SOUPE *type pho*

PRÉPARATION : 8 MIN

CUISSON : 40 MIN

POUR 4 PERS.

TREMPAGE : 1 H

REPOS : 5 MIN

INGRÉDIENTS

- 1 kg d'os et parure de bœuf du boucher
- 400 g de nouilles de riz
- 400 g de viande maigre de bœuf (type rôti)
- 30 g de gingembre frais
- 4 tiges de cive
- 2 anis étoilés
- 1 citron jaune
- ½ botte de coriandre
- 1 petit piment
- 2 cuil. à soupe de sauce nuoc-mâm
- 1 cube de bouillon de bœuf bio
- Sel, poivre

PRÉPARATION

1. Faites tremper les nouilles 1 heure dans l'eau tiède.
2. Épluchez et râpez le gingembre.
3. Versez 2 l d'eau dans la cuve de votre appareil. Ajoutez les os, le gingembre, l'anis, la sauce nuoc-mâm et le cube de bouillon de bœuf. Faites cuire 35 minutes en mode cuisson rapide.
4. Émincez la cive et le piment. Taillez finement le bœuf. Coupez le citron en quartiers. Ciselez la coriandre.
5. Retirez les os et l'anis. Salez, poivrez, ajoutez les nouilles et laissez-les gonfler 5 minutes.
6. Servez la soupe dans 4 bols et garnissez-les avec la viande de bœuf, la coriandre et les cives. Proposez à côté le piment et les quartiers de citron.

Vous pouvez baisser le temps de trempage des nouilles en les plongeant dans l'eau bouillante et en les laissant gonfler dans l'eau chaude quelques minutes.

SOUPE tom yam

PRÉPARATION : 10 MIN

CUISSON : 4 MIN

POUR 4 PERS.

INGRÉDIENTS

- 12 crevettes
- 100 g de champignons de Paris nettoyés et coupés en fines tranches
- 50 g de pleurotes
- 2 cuil. à soupe de nuoc-mâm
- 2 échalotes émincées
- 4 feuilles de citron kaffir
- 2 bâtons de citronnelle coupés en tronçons
- 4 tranches de gingembre frais
- 1 petit piment oiseau coupé en quatre
- 2 cuil. à soupe de jus de citron vert
- 1 citron vert coupé en tranches
- 4 cuil. à soupe de coriandre fraîche

PRÉPARATION

1. Décortiquez les crevettes et réservez les parures dans le panier vapeur.

2. Versez les champignons de Paris, les pleurotes, 50 cl d'eau, le nuoc-mâm, les échalotes, les feuilles de kaffir, les bâtons de citronnelle, le gingembre et le piment dans la cuve, déposez le panier vapeur contenant les parures de crevettes par-dessus, puis fermez le couvercle. Mettez le robot en mode sous pression pour 1 minute.

3. Enlevez le panier vapeur, ajoutez les crevettes et le jus de citron et laissez en mode maintien au chaud durant 3 minutes.

4. Servez dans les bols avec les feuilles de coriandre et les tranches de citron vert.

Pour une saveur plus authentique, remplacez le gingembre par du galanga.

Soupe chinoise AUX NOUILLES et au poulet

PRÉPARATION : 10 MIN

CUISSON : 9 MIN

POUR 4 PERS.

INGRÉDIENTS

- 90 g de nouilles chinoises
- 400 g de blancs de poulet coupés en fines tranches
- 1 oignon pelé et émincé finement
- 1 gousse d'ail pelée et émincée finement
- 1 carotte pelée et coupée en allumettes
- 1 cuil. à soupe de sauce soja
- 4 champignons de Paris nettoyés et émincés finement
- 1 cube de bouillon de légumes
- 1 oignon nouveau coupé en fines tranches
- 1 petit piment coupé en rondelles (facultatif)
- 1 cuil. à soupe d'huile de tournesol

PRÉPARATION

1. Versez l'huile, l'oignon émincé, l'ail, la carotte et le poulet dans la cuve, puis mettez le robot en mode dorer. Remuez à l'aide d'une cuillère en bois pendant le temps du préchauffage.

2. Ajoutez la sauce soja, les champignons, versez 1 litre d'eau et le cube de bouillon émietté, puis fermez le couvercle et mettez le robot en mode sous pression pour 1 minute.

3. Ajoutez les nouilles et le piment et mettez le robot en mode maintien au chaud pour 5 minutes. Remuez régulièrement.

4. Servez accompagné de l'oignon nouveau.

Vous pouvez remplacer les champignons de Paris par des champignons noirs séchés réhydratés.

Soupe DE CREVETTES *à l'indonésienne*

PRÉPARATION : 5 MIN

CUISSON : 4 MIN

POUR 4 PERS.

INGRÉDIENTS

- 300 g de crevettes décortiquées
- 1 échalote pelée et hachée finement
- 1 bâton de citronnelle coupé en quatre
- 4 tranches de gingembre frais
- 1 cuil. à café de nuoc-mâm
- 1 cuil. à café de pâte de curry
- 25 cl de lait de coco
- 50 g de feuilles d'épinard fraîches
- 1 cuil. à soupe d'huile de tournesol

PRÉPARATION

1. Versez l'huile, l'échalote, la citronnelle et le gingembre dans la cuve, puis mettez le robot en mode dorer. Remuez à l'aide d'une cuillère en bois pendant le temps du préchauffage.

2. Ajoutez les crevettes, le nuoc-mâm, la pâte de curry, 30 cl d'eau puis mélangez, fermez le couvercle et mettez le robot en mode sous pression pour 1 minute.

3. Ajoutez le lait de coco et les feuilles d'épinard, mélangez, puis servez aussitôt.

Vous pouvez remplacer les feuilles d'épinard par des pousses d'épinard.

SOUPE d'agneau épicée

PRÉPARATION : 8 MIN

CUISSON : 35 MIN

POUR 4 PERS.

INGRÉDIENTS

- 1 kg de collier d'agneau (os à part)
- 300 g de pois chiches cuits au naturel et égouttés
- 3 tomates
- 1 branche de céleri
- 1 oignon jaune
- 3 gousses d'ail
- 1 cuil. à soupe de ras el-hanout
- ½ botte de coriandre
- ½ botte de persil
- Huile d'olive
- Sel, piment

PRÉPARATION

1. Épluchez l'oignon et l'ail. Émincez l'oignon, l'ail, le céleri et les tomates. Coupez la viande d'agneau en petits morceaux.
2. Faites revenir l'agneau avec 1 filet d'huile d'olive dans la cuve de votre appareil en mode dorer pendant 5 minutes.
3. Versez 2 l d'eau dans la cuve. Ajoutez l'os, les tomates, le céleri, l'oignon, l'ail et le ras el-hanout. Faites cuire 30 minutes en mode cuisson rapide.
4. Émincez les herbes.
5. Retirez l'os, ajoutez les pois chiches et parsemez de coriandre et de persil.

SOUPE
de mijoté de bœuf

PRÉPARATION :
8 MIN

CUISSON :
35 MIN

POUR
4 PERS.

INGRÉDIENTS

- 800 g de jarret de bœuf (os à part)
- 150 g de carottes
- 1 oignon jaune
- 4 gousses d'ail
- 1 poireau
- 1 bouquet garni
- 1 cube de bouillon de bœuf bio
- ½ botte de persil
- Huile d'olive
- Sel, poivre

PRÉPARATION

1. Coupez le bœuf en morceaux. Épluchez et émincez l'oignon, l'ail, les carottes et le poireau.

2. Faites revenir la viande de bœuf avec 1 filet d'huile d'olive dans la cuve de votre appareil en mode dorer pendant 3 minutes.

3. Ajoutez l'oignon, l'ail, les carottes, le poireau, le bouquet garni et prolongez la cuisson de 2 minutes.

4. Versez 2 l d'eau dans la cuve, puis ajoutez le cube de bouillon et l'os de bœuf. Faites cuire 30 minutes en mode cuisson rapide.

5. Retirez l'os et le bouquet garni et servez avec du persil préalablement ciselé. Salez et poivrez.

Accompagnez la soupe de quelques pâtes cuites al dente pour un repas complet.

SOUPE DE BŒUF
aux légumes

PRÉPARATION : 10 MIN

CUISSON : 16 MIN

POUR 4 PERS.

INGRÉDIENTS

- 600 g de viande de bœuf hachée
- 2 poivrons rouges
- 1 courgette
- 1 aubergine
- 1 tomate
- 1 oignon jaune
- 4 gousses d'ail
- 1 bouquet garni
- 2 cuil. à soupe d'origan séché
- Huile d'olive
- Piment d'Espelette
- Sel

PRÉPARATION

1. Épluchez l'oignon et l'ail. Évidez les poivrons. Coupez l'oignon, l'ail, les poivrons, la courgette, l'aubergine et la tomate en morceaux.

2. Faites revenir le bœuf avec 1 filet d'huile d'olive en mode dorer pendant 3 minutes. Ajoutez l'oignon, les poivrons, l'ail et prolongez la cuisson de 3 minutes.

3. Versez 1 l d'eau dans la cuve et ajoutez la courgette, l'aubergine, la tomate et le bouquet garni. Faites cuire 10 minutes en mode cuisson rapide.

4. Ôtez le bouquet garni, salez et parsemez de piment et d'origan séché.

SOUPE de poisson

PRÉPARATION : 12 MIN

CUISSON : 26 MIN

POUR 4 PERS.

INGRÉDIENTS

- 1 kg d'arêtes de poisson de roche
- 700 g de tomates
- 1 oignon jaune
- 5 gousses d'ail
- 10 cl de vin blanc
- 1 bouquet garni
- 1 dose de safran
- 1 cuil. à soupe de paprika
- 1 cuil. à soupe de graines de fenouil
- ½ botte de persil
- Huile d'olive
- Piment en poudre
- Sel

Pour servir :

- 100 g de rouille
- 300 g de croûtons
- Emmental râpé (facultatif)

PRÉPARATION

1. Coupez les arêtes en morceaux. Épluchez l'oignon et l'ail et émincez-les grossièrement. Émincez les tomates.
2. Faites revenir les arêtes avec 1 filet d'huile d'olive en mode dorer pendant 3 minutes. Ajoutez l'oignon et l'ail et prolongez la cuisson de 3 minutes.
3. Versez 1,5 l d'eau et le vin blanc dans la cuve, puis ajoutez les tomates, le bouquet garni, le safran, le paprika et les graines de fenouil. Faites cuire 20 minutes en mode cuisson rapide.
4. Retirez le bouquet garni, salez et mixez longuement la soupe jusqu'à obtenir un mélange presque homogène. Passez la soupe dans une passoire à gros trous.
5. Parsemez de piment et de persil préalablement ciselé. Servez avec la rouille, les croûtons et éventuellement l'emmental.

Servez avec des toasts frottés à l'ail et grillés au four avec 1 filet d'huile d'olive, du sel, du piment et de l'origan séché.

Soupe DE POISSON *et crevettes*

PRÉPARATION : 10 MIN

CUISSON : 29 MIN

POUR 4 PERS.

INGRÉDIENTS

- 500 g de filets de rascasse
- 400 g de crevettes (si possible crues)
- 500 g de tomates
- 1 bulbe de fenouil
- 1 botte de cives
- 5 gousses d'ail
- 60 g de riz blanc
- 10 cl de vin blanc
- 4 cuil. à soupe de cognac
- 1 cuil. à soupe de paprika
- 1 bouquet garni
- Huile d'olive
- Piment en poudre
- Sel

PRÉPARATION

1. Décortiquez les crevettes. Réservez les carcasses. Coupez le poisson et les tomates en gros morceaux. Épluchez et émincez le fenouil, la cive et l'ail. Réservez 1 tige de cive émincée pour la finition.

2. Faites revenir les crevettes avec 1 filet d'huile d'olive en mode dorer pendant 2 minutes. Débarrassez et mettez-les de côté.

3. Faites revenir les carcasses de crevettes avec 1 filet d'huile d'olive en mode dorer pendant 3 minutes. Ajoutez le fenouil, les cives et l'ail et prolongez la cuisson de 3 minutes.

4. Versez 1,5 l d'eau, le cognac et le vin blanc dans la cuve, ajoutez les tomates, le riz blanc, le paprika et le bouquet garni. Faites cuire 20 minutes en mode cuisson rapide.

5. Retirez le bouquet garni et mixez longuement la soupe jusqu'à obtenir un mélange homogène. Passez la soupe dans une passoire à gros trous.

6. Remettez la soupe dans la cuve de votre appareil, ajoutez le poisson et les crevettes et prolongez la cuisson de 1 minute mode dorer. Salez et parsemez de cive et de piment.

Soupe VICHYSSOISE *aux coques*

PRÉPARATION : 10 MIN

CUISSON : 30 MIN ENVIRON

POUR 4 PERS.

TREMPAGE : 1 H

INGRÉDIENTS

- 500 g de coques
- 300 g de pommes de terre
- 200 g de crème épaisse
- 3 poireaux
- 1 oignon jaune
- 3 gousses d'ail
- 1 botte de persil
- 10 cl de vin blanc
- Huile d'olive
- Sel, poivre

PRÉPARATION

1. Faites tremper les coques dans un grand bain d'eau claire fraîche pendant 20 minutes. Jetez les coques remontées à la surface du bain. Renouvelez l'opération deux fois.

2. Équeutez le persil. Épluchez et émincez les poireaux, les pommes de terre, l'oignon et l'ail.

3. Faites revenir l'oignon, l'ail et les queues de persil avec 1 filet d'huile d'olive en mode dorer pendant 2 minutes. Ajoutez les coques et le vin blanc et faites cuire en mode dorer jusqu'à ce qu'elles soient toutes ouvertes.

4. Débarrassez les coques en laissant la garniture et le jus dans la cuve de votre appareil, versez 1,5 l d'eau et ajoutez les poireaux et les pommes de terre. Faites cuire 15 minutes en mode cuisson rapide.

5. Mixez la soupe avec la crème jusqu'à obtenir un mélange homogène. Salez et poivrez.

6. Garnissez la soupe de persil préalablement ciselé et de coques avec ou sans coquille.

Plats de viande

POULET
aux champignons

PRÉPARATION : 10 MIN

CUISSON : 9 MIN

POUR 4 PERS.

INGRÉDIENTS

- 800 g de blancs de poulet coupés en gros cubes
- 300 g de champignons coupés en deux ou en quatre selon la taille
- 2 échalotes pelées et coupées en tranches fines
- 2 gousses d'ail pelées et hachées finement
- 5 cl de vin blanc
- 1 cube de bouillon de volaille
- 10 cl de crème liquide
- ½ Boursin® ail et fines herbes (75 g)
- 1 cuil. à soupe de persil haché
- 10 g de beurre
- Sel, poivre

PRÉPARATION

1. Versez le beurre, les échalotes, l'ail et les cubes de poulet dans la cuve. Mettez le robot en mode dorer. Remuez à l'aide d'une cuillère en bois pendant le temps du préchauffage.

2. Ajoutez les champignons, le vin blanc, 5 cl d'eau, le cube de bouillon émietté, salez légèrement, poivrez et mélangez. Fermez le couvercle et mettez le robot en mode sous pression pour 6 minutes.

3. Ajoutez la crème liquide et le Boursin®, mélangez et laissez en mode maintien au chaud durant 3 minutes.

4. Parsemez le persil haché et servez aussitôt.

Pour une saveur plus automnale, remplacez les champignons de Paris par un mélange de champignons des bois.

Poulet, SAUCE TOMATE *au citron*

PRÉPARATION : 8 MIN

CUISSON : 37 MIN

POUR 4 PERS.

INGRÉDIENTS

- 4 petits blancs de poulet
- 1,5 kg de tomates
- 1 poivron
- 1 oignon jaune
- 3 gousses d'ail
- 10 cl de vin blanc
- 1 bouquet garni
- Les zestes de ½ citron jaune bio
- ½ botte de basilic
- Huile d'olive
- Sel, poivre

PRÉPARATION

1. Coupez le poulet en gros morceaux. Évidez le poivron. Épluchez l'oignon et l'ail. Émincez le poivron, l'oignon et l'ail. Coupez les tomates en morceaux.

2. Faites revenir le poivron, l'oignon et l'ail avec 1 filet d'huile d'olive dans la cuve de votre appareil en mode dorer pendant 4 minutes. Ajoutez un peu d'eau si les légumes colorent.

3. Versez dans la cuve les tomates, le vin blanc et le bouquet garni. Faites cuire 30 minutes en mode cuisson rapide.

4. Ajoutez le poulet et prolongez la cuisson de 3 minutes en mode cuisson rapide.

5. Retirez le bouquet garni. Salez, poivrez, parsemez de zestes de citron et de basilic préalablement ciselé.

Si les tomates ne sont pas assez mûres, ajoutez 1 cuillerée à soupe de concentré de tomate et 1 cuillerée à café de sucre en poudre.

POULET SAUTÉ
au chou

PRÉPARATION : 8 MIN

CUISSON : 6 MIN

POUR 4 PERS.

INGRÉDIENTS

- 4 petits blancs de poulet
- 1 chou chinois
- 1 botte de cives
- 30 g de gingembre frais
- 2 gousses d'ail
- 3 cuil. à soupe de sauce soja
- 1 cuil. à soupe de graines de sésame
- ½ botte de coriandre
- Huile de pépins de raisin
- Sel, poivre

PRÉPARATION

1. Coupez le poulet et le chou en gros morceaux. Épluchez et émincez la cive, le gingembre et l'ail.
2. Faites revenir le chou, les cives, le gingembre et l'ail avec 1 filet d'huile dans la cuve de votre appareil en mode dorer pendant 2 minutes.
3. Ajoutez les morceaux de poulet, la sauce soja, 5 cl d'eau, mélangez et faites cuire 4 minutes en mode cuisson rapide.
4. Salez et poivrez. Parsemez de graines de sésame et de coriandre fraîchement ciselée.

POULET
aux poireaux

PRÉPARATION :
8 MIN

CUISSON :
12 MIN

POUR
4 PERS.

INGRÉDIENTS

- 1 poulet de 1 kg environ coupé en 8 morceaux
- 3 poireaux
- 1 oignon
- 2 gousses d'ail
- 10 cl de vin blanc
- 1 cube de bouillon de poule bio
- 1 bouquet garni
- Huile d'olive
- Piment d'Espelette
- Sel

PRÉPARATION

1. Épluchez et émincez l'oignon, l'ail et les poireaux.

2. Faites revenir l'oignon, l'ail et les poireaux avec 1 filet d'huile d'olive dans la cuve de votre appareil en mode dorer pendant 4 minutes. Ajoutez un peu d'eau si les légumes colorent.

3. Versez dans la cuve le vin blanc, le bouquet garni, le cube de bouillon, le poulet et faites cuire 8 minutes en mode cuisson rapide.

4. Retirez le bouquet garni et salez.

5. Servez le poulet avec les poireaux et parsemez de piment d'Espelette.

POULET sur lit de pommes de terre

PRÉPARATION : 8 MIN

CUISSON : 30 MIN

POUR 4 PERS.

INGRÉDIENTS

- 1 poulet ou coquelet de 1 kg environ
- 1 kg de pommes de terre grenaille
- 1 oignon jaune
- 4 gousses d'ail
- 1 cube de bouillon de volaille bio
- 1 bouquet garni
- Huile d'olive
- Sel, poivre

PRÉPARATION

1. Épluchez les pommes de terre, l'oignon et l'ail. Émincez l'oignon et l'ail. Salez et poivrez l'intérieur et l'extérieur du poulet.

2. Faites dorer le poulet sur toutes les faces avec 1 filet d'huile d'olive dans la cuve de votre appareil en mode dorer pendant 2 minutes.

3. Débarrassez le poulet et faites revenir l'oignon, l'ail et le bouquet garni pendant 3 minutes. Ajoutez un peu d'eau si les oignons colorent.

4. Répartissez les pommes de terre sur les oignons. Versez 20 cl d'eau, puis effritez le cube de bouillon sur le tout. Disposez le poulet, arrosez-le de 1 filet d'huile d'olive et faites cuire 25 minutes en mode cuisson rapide. Retirez le bouquet garni à la fin de la cuisson.

Poulet CARAMÉLISÉ à la citronnelle

PRÉPARATION : 8 MIN

CUISSON : 8 MIN

POUR 4 PERS.

MARINADE : 1 H

INGRÉDIENTS

- 800 g de cuisses de poulet
- 1 oignon jaune
- 4 branches de citronnelle
- 30 g de gingembre frais
- 2 gousses d'ail
- 3 cuil. à soupe de sauce nuoc-mâm
- 3 cuil. à soupe de sucre en poudre (si possible de coco)
- ½ botte de coriandre
- Huile de pépins de raisin
- Sel, poivre

PRÉPARATION

1. Coupez les cuisses en gros morceaux. Épluchez et émincez l'oignon. Épluchez et hachez l'ail, la citronnelle et le gingembre.

2. Mélangez le poulet avec 1 cuillerée à soupe d'huile, la sauce nuoc-mâm, l'ail, la citronnelle et le gingembre. Faites mariner minimum 1 heure et si possible 24 heures.

3. Faites caraméliser le sucre dans la cuve de votre appareil en mode dorer. Une fois que le caramel est blond, ajoutez l'oignon, le poulet, 1 filet d'huile et prolongez la cuisson de 2 minutes en mode dorer.

4. Versez 10 cl d'eau et faites cuire 5 minutes en mode cuisson rapide.

5. Parsemez de coriandre préalablement ciselée. Salez et poivrez.

Servez le poulet citronnelle avec un riz blanc cuit à la vapeur.

Poulet AIGRE-DOUX aux noix de cajou

PRÉPARATION : 15 MIN

CUISSON : 13 MIN

POUR 4 PERS.

INGRÉDIENTS

- 800 g de blancs de poulet coupés en gros cubes
- 2 poivrons coupés en gros cubes
- 50 g de noix de cajou grossièrement hachées
- 1 oignon pelé et coupé en gros cubes
- 2 gousses d'ail pelées et coupées grossièrement
- 150 g de sauce aigre-douce Suzi Wan®
- 1 cube de bouillon de volaille
- 1 cuil. à soupe d'huile d'arachide
- Sel, poivre

PRÉPARATION

1. Versez l'huile, l'oignon et l'ail dans la cuve et mettez le robot en mode dorer. Remuez à l'aide d'une cuillère en bois pendant le temps du préchauffage.

2. Ajoutez le poulet, les poivrons, salez, poivrez et faites revenir 5 minutes en remuant régulièrement.

3. Dans un bol à part, versez 3 cl d'eau, la sauce aigre-douce et le cube de bouillon émietté, puis mélangez et versez dans la cuve, fermez le couvercle et mettez le robot en mode sous pression pour 5 minutes.

4. Servez accompagné d'un supplément de sauce aigre-douce et des noix de cajou hachées grossièrement.

Pour corser le plat, vous pouvez ajouter ¼ de cuillerée à café de pâte de piment dans la sauce.

Mijoté DE POULET, carottes, chorizo

PRÉPARATION : 8 MIN

CUISSON : 7 MIN

POUR 4 PERS.

INGRÉDIENTS

- 800 g de cuisses de poulet
- 800 g de carottes
- 150 g de chorizo
- 2 oignons jaunes
- 3 gousses d'ail
- 10 cl de vin blanc
- ½ botte de persil
- Huile d'olive
- Sel, poivre

PRÉPARATION

1. Coupez chaque cuisse en 4 morceaux. Épluchez et émincez les carottes, les oignons et l'ail. Ôtez la peau du chorizo et coupez-le en petits morceaux.

2. Faites revenir le chorizo, les carottes, les oignons jaunes et l'ail avec 1 filet d'huile d'olive dans la cuve de votre appareil en mode dorer pendant 2 minutes.

3. Ajoutez le poulet, le vin blanc, du sel et du poivre. Faites cuire 5 minutes en mode cuisson rapide.

4. Au moment de déguster, parsemez de persil préalablement ciselé.

Mijoté DE POULET, orange, gingembre

PRÉPARATION : 10 MIN

CUISSON : 11 MIN

POUR 4 PERS.

INGRÉDIENTS

- 4 cuisses de poulet
- 3 oranges à jus bio
- 50 g de gingembre frais
- 1 cuil. à café rase de Maïzena®
- 1 oignon jaune
- 1 bouquet garni
- 1 cuil. à soupe d'origan séché
- ½ botte de coriandre
- Huile d'olive
- Sel, poivre

PRÉPARATION

1. Retirez l'os et coupez les cuisses de poulet en gros morceaux. Râpez 1 orange et pressez les 3. Épluchez et émincez l'oignon. Épluchez et râpez le gingembre.
2. Faites revenir l'oignon avec 1 filet d'huile d'olive dans la cuve de votre appareil en mode dorer pendant 3 minutes.
3. Mélangez le jus d'orange et la Maïzena®. Ajoutez dans la cuve le gingembre, le bouquet garni, l'origan séché, le jus et les zestes d'orange. Mélangez et prolongez la cuisson de 5 minutes en mode dorer.
4. Ajoutez le poulet et faites cuire 3 minutes en mode cuisson rapide.
5. Retirez le bouquet garni, salez, poivrez et parsemez de coriandre préalablement ciselée.

DINDE
au tandoori

PRÉPARATION : 10 MIN

CUISSON : 7 MIN

POUR 4 PERS.

INGRÉDIENTS

- 800 g de dinde
- 300 g de navets
- 400 g de haricots verts
- 200 g de yaourt blanc brassé
- 1 oignon jaune
- 2 gousses d'ail
- 30 g de gingembre frais
- 1 citron bio
- 3 cuil. à soupe de pâte de tandoori
- ½ botte de coriandre
- Huile d'olive
- Sel, poivre

PRÉPARATION

1. Coupez la dinde en gros morceaux. Épluchez et coupez les navets en morceaux. Équeutez les haricots verts. Épluchez et hachez l'oignon, le gingembre et l'ail. Râpez le citron et coupez-le en quartiers.

2. Faites revenir les haricots verts, les navets, l'oignon, le gingembre et l'ail avec 1 filet d'huile d'olive dans la cuve de votre appareil en mode dorer pendant 2 minutes.

3. Ajoutez la dinde, les zestes de citron, la pâte de tandoori et le yaourt blanc. Faites cuire 5 minutes en mode cuisson rapide.

4. Salez et poivrez. Parsemez de coriandre préalablement ciselée, puis accompagnez le tout de quartiers de citron.

Dinde
AU CITRON
et romarin

PRÉPARATION : 5 MIN

CUISSON : 11 MIN

POUR 4 PERS.

INGRÉDIENTS

- 800 g de filets de dinde coupés en gros dés
- ½ citron bio coupé en quatre
- 1 oignon pelé et émincé finement
- 1 gousse d'ail pelée et hachée grossièrement
- 1 tige de romarin
- 10 cl de vin blanc
- 1 cube de bouillon de volaille
- 1 cuil. à soupe d'huile de tournesol
- Sel, poivre

PRÉPARATION

1. Versez l'huile, l'oignon, l'ail, le romarin et la dinde dans la cuve, puis mettez le robot en mode dorer. Remuez à l'aide d'une cuillère en bois pendant le temps du préchauffage.
2. Poursuivez la cuisson 3 minutes en remuant régulièrement.
3. Versez le vin, le cube de bouillon émietté, les quartiers de citron, salez légèrement et poivrez, puis fermez le couvercle et mettez le robot en mode sous pression pour 5 minutes.
4. Servez accompagné de riz pilaf.

Pour une saveur plus vive, ajoutez 1 cuillerée à café de jus de citron avant de servir.

CURRY
de dinde

PRÉPARATION : 10 MIN

CUISSON : 17 MIN

POUR 4 PERS.

INGRÉDIENTS

- 800 g de filets de dinde coupés en gros cubes
- 2 oignons émincés
- 2 feuilles de laurier
- 1 cuil. à café de curry en poudre
- 1 cube de bouillon de volaille
- 20 cl de crème de coco
- 1 cuil. à soupe d'huile de tournesol
- Sel, poivre

PRÉPARATION

1. Versez l'huile et les oignons dans la cuve et mettez le robot en mode dorer. Remuez à l'aide d'une cuillère en bois pendant le temps du préchauffage.

2. Ajoutez le laurier, la dinde, le curry, salez et poivrez, et continuez de faire revenir durant 3 minutes en remuant régulièrement.

3. Ajoutez le cube de bouillon émietté et 5 cl d'eau, fermez le couvercle et mettez le robot en mode sous pression pour 8 minutes.

4. Ajoutez la crème de coco, mélangez et mettez le robot en mode maintien au chaud pour 3 minutes.

Vous pouvez remplacer le curry en poudre par de la pâte de curry délayée dans le lait de coco.

PARMENTIER
au confit de canard

PRÉPARATION : 15 MIN

CUISSON : 15 MIN

POUR 4 PERS.

INGRÉDIENTS

- 800 g de pommes de terre pelées et coupées en gros cubes
- 2 cuisses de canard confites désossées
- 30 g de beurre coupé en petits dés
- 15 cl de lait chaud
- 1 cuil. à soupe de graisse de canard (prélevée dans le confit)
- 1 oignon pelé et coupé en petits cubes
- 2 feuilles de laurier
- 10 cl de vin blanc
- Sel, poivre

PRÉPARATION

1. Versez 15 cl d'eau salée dans la cuve, ajoutez les pommes de terre, fermez le couvercle et mettez le robot en mode sous pression pour 8 minutes.
2. Versez les pommes de terre dans un saladier, ajoutez le beurre et le lait chaud et écrasez au presse-purée.
3. Dans la cuve nettoyée, déposez la graisse de canard et l'oignon et mettez le robot en mode dorer. Remuez à l'aide d'une cuillère en bois pendant le temps du préchauffage.
4. Ajoutez le canard et le laurier, poivrez et faites dorer 3 minutes en remuant régulièrement.
5. Versez le vin blanc, fermez le couvercle et mettez le robot en mode sous pression pour 1 minute.
6. Dans un plat, déposez la viande, puis ajoutez la purée de pommes de terre par-dessus.

Vous pouvez passer le plat 3 minutes sous le gril du four pour le faire gratiner.

POT-AU-FEU
de canard

PRÉPARATION : 8 MIN

CUISSON : 33 MIN

POUR 4 PERS.

INGRÉDIENTS

- 4 cuisses de canard confites
- 4 pommes de terre moyennes
- 1 oignon jaune
- 4 gousses d'ail
- 2 grosses carottes
- 1 poireau
- 1 branche de céleri
- 1 bouquet garni
- ½ botte de persil
- 2 cubes de bouillon de poule bio
- Sel, poivre

PRÉPARATION

1. Épluchez l'oignon, l'ail, les carottes, le poireau et les pommes de terre. Coupez l'oignon, les carottes, le poireau, les pommes de terre et le céleri en gros morceaux.

2. Faites revenir le canard dans la cuve de votre appareil en mode dorer pendant 3 minutes.

3. Versez 2 l d'eau et tous les ingrédients, sauf le persil, dans la cuve. Faites cuire 30 minutes en mode cuisson rapide.

4. Ôtez le bouquet garni. Salez et poivrez. Servez la préparation dans 4 bols avec un peu de persil préalablement ciselé.

Ragoût D'AGNEAU, carottes et fèves

PRÉPARATION : 5 MIN

CUISSON : 25 MIN

POUR 4 PERS.

INGRÉDIENTS

- 800 g d'agneau coupé en gros cubes
- 400 g de carottes pelées et coupées en rondelles
- 400 g de fèves pelées surgelées
- 1 oignon pelé et coupé en cubes
- 2 gousses d'ail pelées et hachées grossièrement
- 2 feuilles de laurier
- 10 cl de vin blanc
- 1 cube de bouillon de volaille
- 2 tiges de menthe effeuillées
- 1 cuil. à soupe d'huile d'arachide
- Sel, poivre

PRÉPARATION

1. Versez l'huile, l'oignon, l'ail et le laurier dans la cuve et mettez le robot en mode dorer. Remuez à l'aide d'une cuillère en bois pendant le temps du préchauffage.

2. Ajoutez l'agneau et faites-le revenir 3 minutes en remuant régulièrement.

3. Versez le vin, le cube de bouillon émietté, les carottes, salez légèrement et poivrez, puis fermez le couvercle et mettez le robot en mode sous pression pour 18 minutes.

4. Ouvrez le robot et ajoutez les fèves, mélangez, et mettez le robot en mode sous pression pour 2 minutes.

5. Parsemez le plat de feuilles de menthe et servez aussitôt.

Vous pouvez remplacer les fèves par des petits pois ou des haricots verts congelés en ajoutant 2 minutes de cuisson supplémentaires.

Boulettes D'AGNEAU, *lentilles, petits pois*

PRÉPARATION : 15 MIN

CUISSON : 27 MIN

POUR 4 PERS.

INGRÉDIENTS

- 600 g de viande d'agneau hachée
- 300 g de lentilles vertes
- 400 g de petits pois
- 1 oignon jaune
- 2 gousses d'ail
- 1 œuf
- 2 cuil. à soupe de graines de cumin
- 2 cuil. à soupe de gingembre en poudre
- ½ botte de coriandre
- 2 feuilles de laurier
- 30 g de mie de pain
- Huile d'olive
- Sel, poivre

PRÉPARATION

1. Épluchez et hachez l'oignon et l'ail. Cassez l'œuf et mixez-le avec la moitié des oignons et de l'ail, la mie de pain, 3 cuillerées à soupe d'eau, du sel et du poivre. Mélangez avec la viande d'agneau hachée. Formez des boulettes entre vos mains.

2. Faites revenir les boulettes avec 1 filet d'huile d'olive dans la cuve de votre appareil en mode dorer pendant 4 minutes.

3. Débarrassez les boulettes, ajoutez les oignons et l'ail restants et faites revenir 3 minutes.

4. Replacez les boulettes dans la cuve avec les lentilles vertes, le cumin, le gingembre et le laurier. Versez 1 l d'eau et faites cuire 15 minutes en mode cuisson rapide.

5. Ajoutez les petits pois, salez, poivrez et prolongez la cuisson rapide de 5 minutes.

6. Parsemez de coriandre fraîchement ciselée avant de servir.

Tajine D'AGNEAU aux fruits secs

PRÉPARATION : 5 MIN

CUISSON : 26 MIN

POUR 4 PERS.

INGRÉDIENTS

- 800 g d'agneau coupé en gros cubes
- 2 oignons coupés en quartiers
- 4 abricots secs
- 1 cuil. à soupe de raisins secs
- 1 cuil. à soupe de ras el-hanout
- 1 cube de bouillon de volaille
- 2 feuilles de laurier
- 400 g de pois chiches
- 1 cuil. à soupe d'huile d'olive
- Sel, poivre

PRÉPARATION

1. Versez l'huile et les oignons dans la cuve et mettez le robot en mode dorer. Remuez à l'aide d'une cuillère en bois pendant le temps du préchauffage.

2. Faites revenir l'agneau durant 3 minutes en remuant régulièrement, ajoutez les abricots, les raisins secs, le ras el-hanout, 10 cl d'eau, le cube de bouillon et les feuilles de laurier. Salez, poivrez, fermez le couvercle et mettez le robot en mode sous pression pour 15 minutes.

3. Ajoutez les pois chiches et mettez le robot en mode maintien au chaud pour 5 minutes, puis servez aussitôt.

Une semoule de couscous accompagnera idéalement ce tajine.

AGNEAU à la hongroise

PRÉPARATION : 5 MIN

CUISSON : 24 MIN

POUR 4 PERS.

INGRÉDIENTS

- 800 g d'agneau coupé en gros cubes
- 400 g de tomates concassées
- 4 oignons rouges pelés et coupés en quartiers
- 2 gousses d'ail en chemise
- 2 feuilles de laurier
- 1 cuil. à café de paprika
- 2 tiges de romarin
- 1 cuil. à soupe d'huile de tournesol
- Sel, poivre

PRÉPARATION

1. Versez l'huile, les oignons, l'ail et le laurier dans la cuve et mettez le robot en mode dorer. Remuez à l'aide d'une cuillère en bois pendant le temps du préchauffage.

2. Ajoutez l'agneau et faites-le revenir 3 minutes en remuant régulièrement.

3. Versez 10 cl d'eau, les tomates, le paprika, le romarin, salez et poivrez, puis fermez le couvercle et mettez le robot en mode sous pression pour 18 minutes.

Pour les plus pressés : déposez tous les ingrédients en même temps, mélangez et mettez le robot en mode sous pression pour 20 minutes.

Confit de souris D'AGNEAU, *patate douce*

PRÉPARATION : 15 MIN

CUISSON : 1 H

POUR 4 PERS.

INGRÉDIENTS

- 4 souris d'agneau
- 1 kg de patates douces
- 1 oignon jaune
- 2 gousses d'ail
- 1 bouquet garni
- 1 cube de bouillon de bœuf bio
- 10 cl de vin rouge
- ½ botte de coriandre
- Huile d'olive
- Sel, poivre

PRÉPARATION

1. Épluchez et hachez l'oignon et l'ail.
2. Faites revenir l'agneau sur toutes les faces avec 1 filet d'huile d'olive dans la cuve de votre appareil en mode dorer. Ajoutez les oignons, l'ail et le bouquet garni, puis prolongez la cuisson de 3 minutes.
3. Versez dans la cuve 20 cl d'eau, le vin rouge et le cube de bouillon. Faites cuire 35 minutes en mode cuisson rapide.
4. Épluchez les patates douces et coupez-les en morceaux. Ajoutez-les, salez, poivrez et prolongez la cuisson rapide pendant 15 minutes.
5. Parsemez de coriandre préalablement ciselée et dégustez.

BOULETTES
à la sauce tomate

PRÉPARATION : 15 MIN

CUISSON : 11 MIN

POUR 4 PERS.

INGRÉDIENTS

- 250 g de steak haché
- 200 g de farce
- 400 g de tomates concassées
- 2 cuil. à soupe de chapelure
- 2 cuil. à soupe de persil haché
- 1 gousse d'ail pelée et coupée en deux
- 1 oignon pelé et coupé en petits cubes
- 1 cube de bouillon de légumes
- 1 cuil. à café de sucre en poudre
- 1 cuil. à soupe d'huile d'olive
- Sel, poivre

PRÉPARATION

1. Dans un saladier, mélangez le steak, la farce, la chapelure, le sel, le poivre et la moitié du persil, puis divisez la préparation en huit et formez huit boulettes.

2. Versez l'huile, l'ail et l'oignon dans la cuve et mettez le robot en mode dorer. Remuez à l'aide d'une cuillère en bois pendant le temps du préchauffage.

3. Ajoutez les boulettes et faites-les revenir 3 minutes en les remuant délicatement.

4. Versez 5 cl d'eau, le cube de bouillon émietté, les tomates concassées et le sucre, mélangez, fermez le couvercle et mettez le robot en mode sous pression pour 5 minutes.

5. Parsemez le persil restant et servez aussitôt.

Pour une sauce plus onctueuse, retirez les boulettes et passez le mélange au mixeur plongeant.

BŒUF carottes

PRÉPARATION : 10 MIN

CUISSON : 14 MIN

POUR 4 PERS.

INGRÉDIENTS

- 800 g de bœuf coupé en cubes
- 4 carottes pelées et coupées en tranches
- 1 tranche de lard fumé coupé en lardons
- 1 oignon pelé et haché
- 2 gousses d'ail en chemise
- 2 feuilles de laurier
- 10 cl de vin blanc
- 1 cube de bouillon de bœuf
- 1 cuil. à soupe d'huile de tournesol
- Sel, poivre

PRÉPARATION

1. Versez l'huile, l'oignon, l'ail dans la cuve et mettez le robot en mode dorer. Remuez à l'aide d'une cuillère en bois pendant le temps du préchauffage.
2. Ajoutez le lard, le bœuf, le laurier, salez, poivrez et faites revenir 3 minutes en remuant régulièrement.
3. Versez 10 cl d'eau, le vin blanc, ajoutez les carottes et le cube de bouillon émietté, fermez le couvercle et mettez le robot en mode sous pression pour 8 minutes.

Deux petits clous de girofle donneront du relief à ce plat.

Paprika

BŒUF, BROCOLI, champignons

PRÉPARATION : 8 MIN

CUISSON : 12 MIN

POUR 4 PERS.

TREMPAGE : 15 MIN

INGRÉDIENTS

- 600 g de viande de bœuf tendre (type bavette ou filet)
- 1 gros brocoli
- 1 poignée de champignons séchée de votre choix (ici des morilles)
- 30 g de gingembre frais
- 1 botte de cives
- 2 gousses d'ail
- 5 cl de sauce soja
- ½ botte de coriandre
- Huile d'olive
- Sel, poivre

PRÉPARATION

1. Faites tremper les champignons séchés dans un petit bol d'eau chaude pendant 15 minutes. Émincez les cives. Épluchez et hachez le gingembre et l'ail. Coupez le bœuf en morceaux. Séparez le brocoli en bouquets.

2. Faites revenir le bœuf avec 1 filet d'huile d'olive dans la cuve de votre appareil en mode dorer pendant 2 minutes.

3. Débarrassez la viande et ajoutez les champignons, 5 cl de leur eau de trempage, la cive, le gingembre et l'ail. Faites cuire 7 minutes en mode cuisson rapide.

4. Ajoutez la viande, le brocoli, la sauce soja et faites cuire 3 minutes en mode cuisson rapide.

5. Salez, poivrez et parsemez de coriandre préalablement ciselée.

OPINEL

JARRET DE VEAU
à la niçoise

PRÉPARATION : 3 MIN

CUISSON : 37 MIN

POUR 4 PERS.

INGRÉDIENTS

- 4 tranches de jarret de veau (800 g environ)
- 6 gousses d'ail en chemise
- 400 g de tomates concassées
- 20 cl de vin blanc
- 2 branches de thym
- Une douzaine de grosses olives vertes
- 1 cuil. à soupe d'huile d'olive
- Sel, poivre

PRÉPARATION

1. Versez l'huile dans la cuve, déposez les tranches de jarret et mettez le robot en mode dorer. Quand le préchauffage est terminé, retournez les tranches de jarret et laissez-les dorer de l'autre côté 3 minutes.

2. Retirez la viande, mettez l'ail et remuez 1 minute à l'aide d'une cuillère en bois.

3. Ajoutez les tomates concassées, le vin blanc, le thym et les olives, salez, poivrez et mélangez.

4. Déposez les tranches de jarret par-dessus, puis fermez le couvercle et mettez le robot en mode sous pression pour 30 minutes.

Si vous choisissez des olives au piment, elles relèveront agréablement ce plat.

TENDRON de veau

PRÉPARATION : 5 MIN

CUISSON : 35 MIN

POUR 4 PERS.

INGRÉDIENTS

4 tranches de tendron de veau (800 g environ)

1 oignon pelé et coupé en gros cubes

2 gousses d'ail en chemise

400 g de carottes coupées en petits tronçons

400 g de petits champignons de Paris surgelés

10 cl de vin blanc

1 cuil. à café de fond de veau

20 g de beurre

Sel, poivre

Pour la panure :

2 cuil. à café de farine

½ cuil. à café de paprika

2 cuil. à soupe de persil haché

PRÉPARATION

1. Préparez la panure. Dans une assiette, mélangez la farine, le paprika et 1 cuillerée à soupe de persil, puis panez les tranches de viande avec ce mélange.

2. Faites chauffer le robot en mode dorer ; une fois le préchauffage terminé, faites fondre le beurre, ajoutez les tendrons panés et laissez-les dorer 2 minutes de chaque côté, puis réservez-les.

3. Ajoutez l'oignon, les gousses d'ail et remuez à l'aide d'une cuillère en bois durant 3 minutes.

4. Ajoutez les carottes, les champignons, le vin blanc, 10 cl d'eau et le fond de veau, salez, poivrez et mélangez.

5. Déposez les tranches de tendron par-dessus, fermez le couvercle et mettez le robot en mode sous pression pour 25 minutes.

6. Parsemez le persil restant et servez aussitôt.

Pour un plat plus relevé, ajoutez un petit piment oiseau avant de mettre sous pression.

Veau BOURGUIGNON au vin blanc

PRÉPARATION : 10 MIN

CUISSON : 28 MIN

POUR 4 PERS.

INGRÉDIENTS

- 800 g de veau à blanquette
- 200 g de poitrine fumée coupée en gros lardons
- 2 carottes pelées et coupées en rondelles
- 400 g de champignons de Paris coupés en quatre
- 15 cl de vin blanc
- 1 oignon pelé et coupé en gros cubes
- 1 cuil. à soupe de fond de veau déshydraté
- 1 bouquet garni
- 20 g de beurre
- Persil haché (facultatif)
- Sel, poivre

PRÉPARATION

1. Déposez le beurre et l'oignon dans la cuve, puis mettez le robot en mode dorer. Remuez à l'aide d'une cuillère en bois pendant le temps du préchauffage.
2. Ajoutez la viande et les lardons et laissez cuire 5 minutes en remuant.
3. Ajoutez les carottes, les champignons, le vin, le fond de veau et le bouquet garni, salez, poivrez et mettez le robot en mode sous pression pour 20 minutes.
4. Vous pouvez éventuellement parsemer le plat de persil haché au moment de servir.

Vous pouvez prélever une partie du bouillon pour faire cuire des pâtes fraîches ou un riz pilaf en accompagnement.

Paupiettes DE VEAU et pommes de terre façon bonne femme

PRÉPARATION : 5 MIN

CUISSON : 15 MIN

POUR 4 PERS.

INGRÉDIENTS

- 4 paupiettes de veau
- 800 g de pommes de terre à chair ferme type charlotte pelées et coupées en deux ou quatre
- 1 oignon pelé et coupé en cubes
- 2 gousses d'ail en chemise
- 2 tranches de lard de 1 cm d'épaisseur coupées en lardons
- 10 cl de vin blanc
- 1 cuil. à café de fond de veau
- 1 tige de romarin
- 2 feuilles de laurier
- 1 cuil. à soupe d'huile neutre
- Poivre

PRÉPARATION

1. Versez l'huile, l'oignon, l'ail dans la cuve et mettez le robot en mode dorer. Remuez à l'aide d'une cuillère en bois pendant le temps du préchauffage.

2. Ajoutez les paupiettes et les lardons, et faites-les dorer 3 minutes en les retournant de temps à autre.

3. Versez le vin blanc, 10 cl d'eau, le fond de veau, le romarin, les feuilles de laurier, les pommes de terre, poivrez, puis mélangez, fermez le couvercle et mettez le robot en mode sous pression pour 8 minutes.

Pour une saveur plus croustillante, vous pouvez passer les pommes de terre 3 minutes sous le gril du four.

VEAU ET THON
à l'italienne

PRÉPARATION : 5 MIN

CUISSON : 26 MIN

POUR 4 PERS.

INGRÉDIENTS

- 600 g de sauté de veau coupé en gros cubes
- 140 g de thon au naturel
- 400 g de carottes pelées et coupées en rondelles
- 400 g de tomates concassées
- 1 oignon pelé et coupé en cubes
- 1 gousse d'ail en chemise
- 10 cl de vin blanc
- 1 cube de bouillon de volaille
- 2 branches de thym
- 50 g d'olives pimentées
- 1 cuil. à soupe d'huile d'olive
- Poivre

PRÉPARATION

1. Versez l'huile, l'oignon et l'ail dans la cuve et mettez le robot en mode dorer. Remuez à l'aide d'une cuillère en bois pendant le temps du préchauffage.

2. Ajoutez le veau et faites-le revenir 3 minutes en remuant régulièrement.

3. Ajoutez le thon, les carottes, les tomates, le vin blanc, le cube de bouillon émietté, le thym et les olives. Poivrez et mélangez.

4. Fermez le couvercle et mettez le robot en mode sous pression pour 20 minutes.

Vous pouvez remplacer les olives par des câpres en saumure.

ROUGAIL saucisses

PRÉPARATION : 10 MIN

CUISSON : 14 MIN

POUR 4 PERS.

INGRÉDIENTS

- 600 g de saucisses fumées type Montbéliard coupées en tranches de 1 cm environ
- 400 g de tomates concassées
- 1 oignon pelé et coupé en gros cubes
- 2 gousses d'ail pelées et hachées grossièrement
- 2 tiges de thym
- 3 tranches fines de gingembre frais
- 1 cuil. à café d'huile neutre
- Poivre

Pour servir :

- 8 tomates cerises coupées en petits morceaux
- 1 oignon nouveau ou 1 tige de cive, émincé finement
- ¼ de piment oiseau émincé finement

PRÉPARATION

1. Versez l'huile, l'oignon, l'ail, le thym et le gingembre dans la cuve et mettez le robot en mode dorer. Remuez à l'aide d'une cuillère en bois pendant le temps du préchauffage.

2. Ajoutez les saucisses et poursuivez la cuisson 3 minutes.

3. Versez les tomates et 10 cl d'eau, poivrez, fermez le couvercle et mettez le robot en mode sous pression pour 8 minutes.

4. Servez dans les assiettes, répartissez les tomates cerises, puis parsemez l'oignon nouveau et le piment émincé.

Pour une saveur plus épicée, ajoutez ½ cuillerée à café de curcuma en même temps que les tomates concassées.

Filet mignon AUX ASPERGES, crème au vin

PRÉPARATION : 8 MIN

CUISSON : 15 MIN

POUR 4 PERS.

INGRÉDIENTS

- 2 filets mignons de 400 g chacun
- 2 bottes d'asperges vertes
- 4 échalotes
- 10 cl de vin blanc
- 50 g de beurre
- 2 cuil. à soupe de crème épaisse
- ½ botte de ciboulette
- Huile d'olive
- Sel, poivre

Si les filets mignons manquent légèrement de cuisson, ajoutez-les dans la sauce lorsque vous la faites réduire.

PRÉPARATION

1. Épluchez les échalotes et les asperges. Émincez les échalotes. Éliminez le pied des asperges. Coupez les filets mignons en deux.

2. Faites revenir les filets mignons avec les échalotes et 1 filet d'huile d'olive dans la cuve de votre appareil en mode dorer pendant 5 minutes en les retournant à mi-cuisson.

3. Ajoutez le vin blanc, le beurre, la crème et 5 cl d'eau. Disposez le panier vapeur sur les filets mignons et déposez-y les asperges. Faites cuire 5 minutes en mode cuisson rapide.

4. Mettez de côté le porc et les asperges, puis faites réduire la sauce en mode dorer. Salez et poivrez la sauce.

5. Servez le filet mignon en tranches avec les asperges. Parsemez de sel et de poivre, puis recouvrez de la crème au vin. Parsemez de ciboulette préalablement ciselée.

Rôti de porc, CÉLERI-RAVE et sauce épicée caramélisée

PRÉPARATION : 15 MIN

CUISSON : 15 MIN

POUR 4 PERS.

INGRÉDIENTS

- 1 rôti de porc de 800 g
- 120 g de lardons fumés
- 1 gros céleri-rave
- 1 oignon jaune
- 30 g de gingembre frais
- 2 gousses d'ail
- 2 tiges de cive
- 5 cl de sauce soja
- 1 cuil. à soupe d'origan séché
- 1 cuil. à café de purée de piment
- 1 cuil. à soupe de sucre en poudre
- 1 cuil. à café de Maïzena®
- Huile d'olive
- Sel, poivre

PRÉPARATION

1. Épluchez le céleri, l'oignon, l'ail et le gingembre. Coupez le céleri en morceaux, émincez l'oignon, râpez l'ail et le gingembre.
2. Mélangez l'oignon, l'origan, l'ail, le gingembre, le piment, la Maïzena®, le sucre, la sauce soja et 10 cl d'eau.
3. Faites colorer le rôti sur toutes les faces avec les lardons et 1 filet d'huile d'olive dans la cuve de votre appareil en mode dorer pendant 5 minutes.
4. Ajoutez le mélange épicé et le céleri. Faites cuire 10 minutes en mode cuisson rapide.
5. Salez et poivrez. Servez le rôti avec le céleri et la sauce épicée. Parsemez de cive préalablement émincée.

Travers DE PORC à la chinoise

PRÉPARATION : 10 MIN

CUISSON : 24 MIN

POUR 4 PERS.

INGRÉDIENTS

- 800 g de travers de porc coupés en dés
- 1 cube de bouillon de volaille
- 2 gousses d'ail en chemise
- 1 cuil. à café de mélange cinq parfums
- 1 cuil. à soupe de sauce soja
- 2 cuil. à soupe de miel
- 2 cives (ou 2 oignons nouveaux) coupées en tranches fines
- Poivre

PRÉPARATION

1. Versez dans la cuve les travers de porc, le cube de bouillon émietté, l'ail, les épices, la sauce soja et 10 cl d'eau, poivrez, puis fermez le couvercle et mettez le robot en mode sous pression pour 20 minutes.

2. Ôtez le jus de cuisson. Passez le robot en mode dorer et faites revenir la viande durant le temps de préchauffage, puis ajoutez le miel et les cives et laissez 1 minute en remuant régulièrement, puis servez aussitôt.

N'hésitez pas à récupérer le jus de cuisson pour faire cuire l'accompagnement, riz, légumes ou autre.

COLOMBO de porc

PRÉPARATION : 10 MIN

CUISSON : 28 MIN

POUR 4 PERS.

INGRÉDIENTS

- 800 g d'échine de porc coupée en gros morceaux
- 400 g de courgettes coupées en gros morceaux
- 400 g de pommes de terre pelées et coupées en deux ou en quatre
- 400 g de tomates concassées
- 1 oignon pelé et coupé en cubes
- 1 cuil. à soupe de colombo
- 1 cube de bouillon de volaille
- 2 feuilles de laurier
- 1 cuil. à soupe d'huile d'arachide
- Poivre

PRÉPARATION

1. Versez l'huile et l'oignon dans la cuve et mettez le robot en mode dorer. Remuez à l'aide d'une cuillère en bois pendant le temps du préchauffage.
2. Ajoutez le porc, poivrez et faites revenir 5 minutes en remuant régulièrement.
3. Ajoutez le colombo, mélangez.
4. Ajoutez les courgettes, les pommes de terre, 5 cl d'eau, le cube de bouillon émietté, les tomates concassées et les feuilles de laurier, fermez le couvercle et mettez le robot en mode sous pression pendant 20 minutes.

Pour corser le plat, vous pouvez ajouter ¼ de cuillerée à café de pâte de piment dans la sauce.

RIZ *cantonais*

PRÉPARATION : 15 MIN

CUISSON : 10 MIN

POUR 4 PERS.

INGRÉDIENTS

- 300 de riz basmati
- 200 g de crevettes cuites décortiquées
- 150 g de poitrine de porc
- 100 g de petits pois écossés
- 3 œufs
- 1 grosse carotte
- 4 cuil. à soupe de sauce soja
- 4 tiges de cive
- 5 cl d'huile de pépins de raisin
- Sel, poivre

PRÉPARATION

1. Émincez les cives. Épluchez la carotte et coupez-la en tout petits cubes. Coupez le porc et les crevettes en morceaux.

2. Versez le riz, la carotte, les petits pois et les cubes de poitrine dans la cuve de votre appareil. Couvrez d'eau à hauteur, salez et faites cuire 6 minutes en mode cuisson rapide.

3. Cassez les œufs et battez-les en omelette.

4. Réservez le contenu de la cuve. Faites préchauffer la cuve avec l'huile en mode dorer. Versez-y les œufs et faites cuire en remuant sans discontinuer.

5. Une fois les œufs cuits, ajoutez les crevettes, les cives, le riz et la sauce soja. Salez, poivrez et mélangez le tout pendant 30 secondes.

福
正宗料理
喜慶壽宴
服務週到
福

Pommes DE TERRE *montagnardes*

PRÉPARATION : 10 MIN

CUISSON : 14 MIN

POUR 4 PERS.

INGRÉDIENTS

- 800 g de pommes de terre coupées en cubes
- 200 g de lard fumé coupé en cubes
- 1 oignon pelé et coupé en cubes
- 1 gousse d'ail hachée finement
- 5 cl de vin blanc
- 250 g de cancoillotte
- 1 cuil. à soupe de ciboulette émincée
- Sel, poivre

PRÉPARATION

1. Déposez le lard, l'oignon et l'ail dans la cuve et mettez le robot en mode dorer. Remuez à l'aide d'une cuillère en bois pendant le temps du préchauffage.
2. Ajoutez les pommes de terre et faites-les revenir 3 minutes en remuant régulièrement.
3. Ajoutez le vin blanc, 5 cl d'eau, salez, poivrez et mélangez, puis fermez le couvercle et mettez le robot en mode sous pression pour 8 minutes.
4. Versez la cancoillotte, mélangez, parsemez de ciboulette et servez aussitôt.

Attention à ne pas trop saler, car les lardons et la cancoillotte le sont déjà !

Tagliatelles, ÉPINARDS, lardons, gorgonzola

PRÉPARATION : 8 MIN

CUISSON : 7 MIN

POUR 4 PERS.

INGRÉDIENTS

- 350 g de tagliatelles
- 150 g d'épinards
- 150 g de lardons fumés
- 100 g de gorgonzola
- 2 échalotes
- 1 cuil. à soupe de marjolaine séchée
- Huile d'olive
- Sel, poivre

PRÉPARATION

1. Équeutez les épinards.

2. Rincez les tagliatelles, versez-les dans la cuve de votre appareil et remplissez d'eau à hauteur. Placez le panier vapeur par-dessus et mettez-y les épinards. Faites cuire 3 minutes en mode cuisson rapide.

3. Coupez le gorgonzola en petits morceaux.

4. Égouttez les pâtes et réservez. Égouttez, pressez et hachez les épinards.

5. Épluchez et hachez les échalotes. Faites revenir les échalotes et les lardons avec 1 filet d'huile d'olive dans la cuve de votre appareil en mode dorer pendant 3 minutes. Salez et poivrez. Ajoutez les épinards et la marjolaine et prolongez la cuisson de 1 minute.

6. Mélangez les pâtes avec le gorgonzola et reversez le tout dans la cuve avec 4 cuillerées à soupe d'eau. Servez aussitôt.

Pâtes CRÉMEUSES à la coppa

PRÉPARATION : 2 MIN

CUISSON : 10 MIN

POUR 4 PERS.

INGRÉDIENTS

- 300 g de farfalle type Barilla® à 10 minutes de cuisson
- 100 g de coppa en tranches très fines
- 100 g de petits pois surgelés
- 15 cl de crème liquide entière
- 4 cuil. à soupe de parmesan râpé
- Sel, poivre

PRÉPARATION

1. Déposez les tranches de coppa dans la cuve et mettez le robot en mode dorer. Remuez à l'aide d'une cuillère en bois pendant le temps du préchauffage.

2. Ajoutez les farfalle, les petits pois, 60 cl d'eau, salez, poivrez et mélangez, puis fermez le couvercle et mettez le robot en mode sous pression pour 7 minutes.

3. Ajoutez la crème et mélangez. Parsemez de parmesan râpé et servez aussitôt.

100 g de gorgonzola mélangés en même temps que la crème ajouteront une note italienne supplémentaire.

Mijoté DE FENOUIL, saucisses, romarin

PRÉPARATION : 8 MIN

CUISSON : 10 MIN

POUR 4 PERS.

INGRÉDIENTS

- 2 bulbes de fenouil
- 3 saucisses de Toulouse
- 2 échalotes
- 1 cuil. à soupe de graines de fenouil
- 3 gousses d'ail
- 3 branches de romarin
- Huile d'olive
- Sel, poivre

PRÉPARATION

1. Émincez le fenouil. Épluchez et hachez les échalotes et l'ail. Effeuillez et ciselez le romarin.

2. Faites griller les saucisses avec 1 filet d'huile d'olive dans la cuve de votre appareil en mode dorer. Débarrassez les saucisses et taillez-les en rondelles.

3. Faites revenir dans la cuve le fenouil, les échalotes et l'ail avec 1 filet d'huile d'olive en mode dorer pendant 2 minutes.

4. Reversez les saucisses dans la cuve avec les graines de fenouil, le romarin, du sel et du poivre. Versez 10 cl d'eau et faites cuire 4 minutes en mode cuisson rapide.

PETIT *salé*

PRÉPARATION : 8 MIN

CUISSON : 39 MIN

POUR 4 PERS.

TREMPAGE : 30 MIN

INGRÉDIENTS

- 300 g de travers de porc demi-sel
- 300 g d'échine de porc demi-sel
- 250 g de lentilles vertes
- 3 gousses d'ail
- 1 oignon jaune
- 3 carottes
- 1 bouquet garni
- 4 clous de girofle
- ½ botte de coriandre
- ½ botte de menthe
- Huile d'olive
- Sel, poivre

PRÉPARATION

1. Immergez la viande dans une marmite remplie d'eau fraîche pour 30 minutes.
2. Épluchez les carottes, l'oignon et l'ail. Coupez les carottes en trois, l'oignon en deux et piquez-le avec les clous de girofle.
3. Faites revenir les carottes, l'oignon et l'ail avec le bouquet garni et 1 filet d'huile d'olive dans la cuve de votre appareil en mode dorer pendant 4 minutes.
4. Ajoutez le porc, les lentilles, un peu de sel et de poivre. Versez 1,5 l d'eau et faites cuire 35 minutes en mode cuisson rapide.
5. Parsemez de menthe et de coriandre fraîchement ciselées.

Haricots blancs PERSILLÉS *au jambon de pays*

PRÉPARATION : 8 MIN

CUISSON : 1 H 20

POUR 4 PERS.

TREMPAGE : 12 H

INGRÉDIENTS

- 500 g de haricots lingo
- 200 g de jambon de pays en tranches
- 1 kg de tomates
- 1 botte de cives
- 2 bottes de persil
- 3 gousses d'ail
- 1 citron bio
- 1 cuil. à soupe de cumin en poudre
- Huile d'olive
- Sel, poivre

PRÉPARATION

1. Immergez les haricots dans une marmite remplie d'eau fraîche pour 12 heures.

2. Égouttez-les et placez-les dans la cuve de votre appareil avec 2 l d'eau froide. Faites cuire 5 minutes en mode cuisson rapide.

3. Émincez les cives et mettez 3 tiges émincées de côté. Concassez les tomates et émincez le jambon.

4. Rincez les haricots et reversez-les dans la cuve avec 1 l d'eau, le jambon, les cives, les tomates, le cumin et un bon filet d'huile d'olive. Faites cuire 1 h 15 en mode cuisson rapide.

5. Épluchez et hachez l'ail et le persil. Râpez le citron. Mélangez les haricots avec les cives restantes, l'ail, le persil et les zestes de citron. Salez et poivrez.

COLOMBO de cochon

PRÉPARATION : 8 MIN

CUISSON : 10 MIN

POUR 4 PERS.

INGRÉDIENTS

- 800 g de filet de porc
- 500 g de carottes
- 400 g de champignons de Paris
- 1 oignon
- 2 gousses d'ail
- 20 cl de lait de coco
- 1 bouquet garni
- 1 botte de persil
- 1 cuil. à soupe d'épices colombo
- Huile d'olive
- Sel, poivre

PRÉPARATION

1. Coupez le porc en morceaux. Épluchez les carottes, l'oignon et l'ail. Éliminez le pied des champignons. Émincez grossièrement les carottes, l'oignon, l'ail et les champignons.

2. Faites revenir le porc, l'oignon et l'ail avec 1 filet d'huile d'olive dans la cuve de votre appareil en mode dorer pendant 5 minutes.

3. Ajoutez le lait de coco, les carottes, les champignons, le colombo et le bouquet garni. Faites cuire 5 minutes en mode cuisson rapide.

4. Salez et poivrez. Parsemez de persil préalablement ciselé.

TERRINE
de cochon

PRÉPARATION :
10 MIN

CUISSON :
45 MIN

POUR
4 PERS.

RÉFRIGÉRATION :
12 H

INGRÉDIENTS

- 500 g de chair à saucisse
- 4 gousses d'ail
- 1 oignon
- 1 œuf
- 80 g de mie de pain
- 8 cl de lait demi-écrémé
- 2 cuil. à soupe de graines de coriandre moulues
- 2 cuil. à soupe d'herbes de Provence
- Sel, poivre

PRÉPARATION

1. Épluchez l'ail et l'oignon et mixez-les avec la mie de pain et le lait.
2. Mélangez la préparation avec la chair à saucisse, l'œuf, les graines de coriandre, les herbes de Provence, du sel et du poivre.
3. Transvasez la chair dans une petite terrine et filmez-la hermétiquement.
4. Versez 20 cl d'eau dans la cuve de votre appareil. Disposez-y le panier vapeur, puis la terrine dans le panier. Faites cuire 45 minutes en mode cuisson rapide.
5. Placez au frais et consommez la terrine le lendemain.

Le jour J, agrémentez la terrine de petits oignons, de câpres, d'herbes fraîches, de sel et de poivre.

Plats de poisson

MOULES au curry

PRÉPARATION : 5 MIN

CUISSON : 9 MIN

POUR 4 PERS.

INGRÉDIENTS

- 1 kg de moules nettoyées
- 1 oignon haché finement
- 1 cuil. à café de curry en poudre
- 20 cl de vin blanc
- 20 cl de lait de coco
- 2 feuilles de laurier
- 1 cuil. à soupe d'huile de tournesol

PRÉPARATION

1. Versez l'huile et l'oignon dans la cuve et mettez le robot en mode dorer. Remuez à l'aide d'une cuillère en bois pendant le temps du préchauffage. Ajoutez le curry et mélangez rapidement.

2. Versez les moules, le vin blanc, les feuilles de laurier, mélangez et fermez le couvercle, puis mettez le robot en mode sous pression pendant 3 minutes.

3. Ouvrez, ajoutez le lait de coco, mélangez et laissez 3 minutes en mode maintien au chaud en remuant de temps en temps, puis servez aussitôt.

Saupoudrez votre plat de 1 cuillerée de ciboulette hachée pour une petite note de fraîcheur.

COQUES *marinières*

PRÉPARATION : 15 MIN

CUISSON : 5 MIN

POUR 4 PERS.

INGRÉDIENTS

- 1 kg de coques bien dessablées
- 4 échalotes pelées et hachées finement
- 1 gousse d'ail pelée et hachée finement
- 15 cl de vin blanc
- 2 cuil. à soupe de persil haché
- 10 g de beurre
- Sel, poivre

PRÉPARATION

1. Versez le beurre, les échalotes et l'ail dans la cuve et mettez le robot en mode dorer. Remuez à l'aide d'une cuillère en bois pendant le temps du préchauffage.

2. Ajoutez les coques, le vin blanc, la moitié du persil, salez légèrement, poivrez et mélangez. Fermez le couvercle et mettez le robot en mode sous pression pour 1 minute.

3. Parsemez le persil restant et servez aussitôt.

N'hésitez pas à tenter cette recette avec 1 litre de moules à la place des coques.

RIZ aux fruits de mer

PRÉPARATION : 8 MIN

CUISSON : 6 MIN

POUR 4 PERS.

TREMPAGE : 1 H

INGRÉDIENTS

- 300 de riz basmati
- 400 g de palourdes
- 300 g de coques
- 200 g de noix de pétoncle (ou petites saint-jacques)
- 2 échalotes
- 10 cl de vin blanc
- ½ botte de persil
- 4 cuil. à soupe d'huile d'olive
- Sel, poivre

PRÉPARATION

1. Faites tremper les coques et les palourdes dans un grand bain d'eau claire fraîche pendant 20 minutes. Jetez les coquillages remontés à la surface du bain. Renouvelez l'opération deux fois.

2. Épluchez et émincez les échalotes.

3. Versez le riz, les pétoncles, les coques, les palourdes, les échalotes, le vin blanc, du sel, du poivre et l'huile d'olive dans la cuve de votre appareil. Remplissez d'eau à hauteur, mélangez et faites cuire 6 minutes en mode cuisson rapide.

4. Mélangez et servez le tout parsemé de persil préalablement ciselé.

Gambas, polenta, HARISSA et jus de coriandre

PRÉPARATION : 5 MIN

CUISSON : 2 MIN

POUR 4 PERS.

INGRÉDIENTS

- 500 g de gambas crues décortiquées
- 200 g de polenta
- 1 l de lait entier
- 1 cuil. à soupe de harissa
- 1 botte de coriandre
- 1 botte de cives
- 10 cl d'huile d'olive
- Sel, poivre

PRÉPARATION

1. Émincez les cives et mettez 2 tiges émincées de côté.
2. Versez les cives, la polenta, le lait, 30 cl d'eau, la harissa, du sel et du poivre dans la cuve de votre appareil et mélangez.
3. Disposez le panier vapeur avec les gambas dans la cuve et faites cuire 2 minutes en mode cuisson rapide.
4. Mixez la coriandre avec la cive restante, l'huile d'olive, du sel et du poivre.
5. Servez la polenta avec les gambas et le jus de coriandre.

Saint-Jacques, PURÉE de carottes, sauce orange

PRÉPARATION : 8 MIN

CUISSON : 20 MIN ENVIRON

POUR 4 PERS.

INGRÉDIENTS

- 20 noix de saint-jacques
- 800 g de carottes
- 4 oranges à jus
- 1 oignon blanc
- 100 g de beurre
- ¼ de botte de persil
- Huile d'olive
- Sel, poivre

PRÉPARATION

1. Épluchez et émincez les carottes et l'oignon. Pressez les oranges.
2. Faites dorer les saint-jacques sur une face avec 1 filet d'huile d'olive dans la cuve de votre appareil en mode dorer pendant 3 minutes, puis débarrassez-les.
3. Faites revenir les carottes et l'oignon avec 1 filet d'huile d'olive dans la cuve en mode dorer pendant 3 minutes. Versez le jus d'orange et faites cuire 10 minutes en mode cuisson rapide.
4. Égouttez les carottes et mixez-les avec le beurre. Salez et poivrez.
5. Faites réduire le jus d'orange dans la cuve de votre appareil en mode dorer. Une fois que le jus est bien réduit, réchauffez-y les noix de saint-jacques, salez et poivrez.
6. Servez les noix avec la purée et la sauce. Parsemez de persil préalablement ciselé.

CALAMARS à l'espagnole

PRÉPARATION : 10 MIN

CUISSON : 15 MIN

POUR 4 PERS.

INGRÉDIENTS

- 800 g de calamars coupés en tranches
- 1 oignon pelé et coupé en cubes
- 2 gousses d'ail hachées finement
- 1 poivron coupé en cubes
- 400 g de tomates concassées
- 5 cl de vin blanc
- 2 branches de thym
- 2 feuilles de laurier
- 1 pincée de filaments de safran
- 1 cuil. à soupe d'huile d'olive
- Sel, poivre

PRÉPARATION

1. Versez l'huile, l'oignon, l'ail et le poivron dans la cuve et mettez le robot en mode dorer. Remuez à l'aide d'une cuillère en bois pendant le temps du préchauffage.

2. Ajoutez les calamars, les tomates, le vin blanc, le thym, le laurier, le safran, salez, poivrez et mélangez, puis fermez le couvercle et mettez le robot en mode sous pression pour 12 minutes.

Vous pouvez relever le plat en ajoutant 1 petite pincée de piment.

ENCORNETS
au chorizo

PRÉPARATION : 8 MIN

CUISSON : 2 MIN

POUR 4 PERS.

INGRÉDIENTS

- 800 g d'encornets lavés et vidés
- ½ chorizo
- 2 bulbes de fenouil
- 2 oignons jeunes
- 3 gousses d'ail
- Quelques branches de thym
- 1 cuil. à soupe de graines de cumin
- 10 cl de vin blanc
- Huile d'olive

PRÉPARATION

1. Épluchez les oignons et l'ail. Coupez en fines rondelles le chorizo et émincez les fenouils, les oignons et l'ail. Gardez 2 tiges de vert d'oignon émincées de côté.

2. Versez les encornets, le chorizo, le fenouil, les oignons, l'ail, les graines de cumin, 3 branches de thym et le vin blanc dans la cuve de votre appareil. Faites cuire 2 minutes en mode cuisson rapide.

3. Émincez les encornets et servez le tout parsemé de vert d'oignon et de thym frais effeuillé et arrosez de 1 filet d'huile d'olive.

SALADE de seiche

PRÉPARATION : 10 MIN

CUISSON : 7 MIN

POUR 4 PERS.

INGRÉDIENTS

- 600 g de seiche
- 800 g de pommes de terre grenaille
- 1 oignon blanc
- 2 gousses d'ail
- 1 poignée de roquette
- 1 citron vert
- 8 cl d'huile d'olive
- Piment d'Espelette
- Sel

PRÉPARATION

1. Coupez les pommes de terre grenaille en deux. Épluchez et émincez l'oignon et l'ail. Pressez le citron.
2. Versez l'oignon, l'ail et les pommes de terre dans la cuve de votre appareil avec l'huile d'olive et 12 cl d'eau salée. Disposez le panier vapeur par-dessus et mettez-y la seiche. Faites cuire 5 minutes en mode cuisson rapide.
3. Réservez la seiche et les pommes de terre. Faites réduire le jus de cuisson des pommes de terre en mode dorer.
4. Émincez la seiche et mélangez-la avec les pommes de terre, le jus de cuisson, la roquette et le jus de citron vert. Salez et parsemez de piment.

Saint-Jacques SUR FONDUE de poireaux

PRÉPARATION : 8 MIN

CUISSON : 16 MIN

POUR 4 PERS.

INGRÉDIENTS

- 600 g de pétoncles ou de petites noix de saint-jacques
- 3 poireaux
- 2 échalotes
- 2 cuil. à soupe bombées de crème fraîche épaisse
- 10 cl de vin blanc
- 1 botte d'oseille
- Huile d'olive
- Piment d'Espelette
- Sel

PRÉPARATION

1. Faites dorer les pétoncles ou les saint-jacques sur une face avec 1 filet d'huile d'olive dans la cuve de votre appareil en mode dorer pendant 3 minutes, puis débarrassez-les.

2. Épluchez et émincez les échalotes et les poireaux.

3. Faites revenir les échalotes et les poireaux avec 1 filet d'huile d'olive dans la cuve en mode dorer pendant 4 minutes. Ajoutez un peu d'eau si les légumes colorent.

4. Versez la crème, le vin blanc et 10 cl d'eau. Faites cuire 8 minutes en mode cuisson rapide. Salez et ajoutez les pétoncles ou les saint-jacques dans la cuve. Faites mijoter 1 minute en mode dorer.

5. Servez parsemé d'oseille fraîchement ciselée.

Salade tiède DE CREVETTES, *tomates cerises, poireaux, gingembre*

PRÉPARATION : 8 MIN

CUISSON : 6 MIN

POUR 4 PERS.

INGRÉDIENTS

- 500 g de crevettes crues décortiquées
- 500 g de tomates cerises
- 2 poireaux
- 50 g de gingembre frais
- 3 gousses d'ail
- 1 citron
- 1 botte d'oseille
- Huile d'olive
- Sel, poivre

PRÉPARATION

1. Épluchez et émincez les poireaux, le gingembre et l'ail. Coupez les tomates en deux. Pressez le citron.
2. Versez le poireau, les tomates, le gingembre et l'ail dans la cuve de votre appareil avec 1 filet d'huile d'olive et 10 cl d'eau. Faites cuire 5 minutes en mode cuisson rapide.
3. Ajoutez les crevettes, le jus de citron, salez et poivrez. Faites cuire 1 minute en mode cuisson rapide.
4. Servez le tout parsemé d'oseille préalablement ciselée.

BRANDADE
parmentière

PRÉPARATION : 20 MIN

CUISSON : 6 MIN

POUR 4 PERS.

INGRÉDIENTS

- 800 g de morue dessalée
- 600 g de pommes de terre coupées en gros cubes
- 4 gousses d'ail hachées grossièrement
- 1 bouquet garni
- 10 cl de lait chaud
- 2 cuil. à soupe d'huile d'olive + un peu pour servir
- Persil haché (facultatif)
- Poivre

PRÉPARATION

1. Déposez les pommes de terre dans le fond de la cuve, ajoutez l'ail, le bouquet garni, 20 cl d'eau et poivrez. Déposez la morue par-dessus, puis fermez le couvercle et mettez le robot en mode sous pression pour 6 minutes.

2. Retirez le bouquet garni. Ôtez la peau et les arêtes des morceaux de morue et effilochez-les finement à la fourchette.

3. À l'aide d'une écumoire, retirez les pommes de terre, écrasez-les bien à la fourchette dans une assiette.

4. Dans un saladier, mélangez les pommes de terre écrasées et la morue effilochée avec le lait chaud et l'huile d'olive. Parsemez éventuellement de persil haché et versez 1 filet d'huile d'olive, puis servez aussitôt.

Pour aller plus vite, vous pouvez mixer la morue au lieu de l'effilocher à la fourchette.

BLANQUETTE de cabillaud

PRÉPARATION : 10 MIN

CUISSON : 6 MIN

POUR 4 PERS.

INGRÉDIENTS

- 600 g de filet de cabillaud surgelé décongelé et coupé en cubes
- 200 g de champignons de Paris nettoyés et coupés en deux
- 6 oignons nouveaux pelés et coupés en deux
- 1 carotte pelée et coupée en fines rondelles
- 5 cl de vin blanc
- 1 cuil. à café de fumet de poisson déshydraté
- 1 cuil. à café de jus de citron
- 2 feuilles de laurier
- 4 cuil. à soupe de crème fraîche
- 15 g de beurre
- Sel, poivre

PRÉPARATION

1. Versez le beurre, les oignons et la carotte dans la cuve et mettez le robot en mode dorer. Remuez à l'aide d'une cuillère en bois pendant le temps du préchauffage.

2. Versez le vin blanc, le poisson, le fumet, les champignons, le jus de citron et les feuilles de laurier, salez, poivrez et mélangez. Fermez le couvercle et mettez le robot en mode sous pression pour 3 minutes.

3. Ajoutez la crème et mélangez très délicatement.

N'hésitez pas à servir ce plat avec un riz pilaf.

CABILLAUD *en papillote*

PRÉPARATION : 10 MIN

CUISSON : 3 MIN

POUR 4 PERS.

INGRÉDIENTS

- 4 pavés de cabillaud de 250 g chacun
- 4 branches de thym
- 1 citron vert coupé en fines tranches
- 4 cuil. à soupe d'huile d'olive
- Sel, poivre

PRÉPARATION

1. Sur une feuille de papier sulfurisé assez large, déposez un pavé de cabillaud.
2. Salez et poivrez, puis répartissez dessus 1 branche de thym, ¼ des rondelles de citron, arrosez de 1 cuillerée d'huile d'olive, refermez et ficelez l'ensemble délicatement.
3. Répétez l'opération pour les autres pavés.
4. Versez 30 cl d'eau dans le fond de la cuve, installez le panier vapeur, déposez les papillotes, puis fermez le couvercle et mettez le robot en mode sous pression pour 3 minutes.

N'hésitez pas à faire cuire les papillotes les unes après les autres si nécessaire ; pour une cuisson homogène, il ne faut pas les superposer.

CHOWDER de haddock

PRÉPARATION : 10 MIN

CUISSON : 9 MIN

POUR 4 PERS.

INGRÉDIENTS

- 300 g de filet de haddock fumé
- 150 g de lardons fumés
- 800 g de pommes de terre type charlotte coupées en deux
- 1 poireau nettoyé et coupé en tranches de ½ cm
- 1 oignon pelé et coupé en gros cubes
- 1 gousse d'ail coupée en deux
- 2 feuilles de laurier
- 1 cuil. à café de fumet de poisson
- 2 cuil. à soupe de crème fraîche
- 20 g de beurre
- Sel, poivre

PRÉPARATION

1. Déposez le beurre dans la cuve et allumez le robot en mode dorer. Dès que le beurre a fondu, ajoutez l'oignon, l'ail, les lardons, le poireau et les feuilles de laurier, salez, poivrez et remuez à l'aide d'une cuillère en bois pendant le temps du préchauffage.

2. Ajoutez les pommes de terre, 20 cl d'eau, le fumet de poisson, puis déposez le haddock par-dessus côté chair vers le haut, fermez le couvercle et mettez le robot en mode sous pression pour 6 minutes.

3. Ôtez la peau du haddock, puis émiettez-le dans la cuve, ajoutez la crème et mélangez. Servez aussitôt.

Vous pouvez remplacer le laurier par des feuilles de sauge.

CHOUCROUTE
de la mer

PRÉPARATION : 5 MIN

CUISSON : 1 MIN

POUR 4 PERS.

TREMPAGE : 1 H

INGRÉDIENTS

- 600 g de choucroute cuite
- 500 g de haddock
- 12 langoustines
- 50 cl de moules
- 2 cuil. à soupe de crème épaisse
- 10 cl de vin blanc
- 1/3 de botte de persil
- Sel, poivre

PRÉPARATION

1. Immergez les moules dans un grand bain d'eau fraîche pour 20 minutes. Jetez les moules remontées à la surface du bain. Renouvelez l'opération deux fois.
2. Coupez le haddock en petits morceaux.
3. Versez la choucroute, le haddock, les langoustines, les moules, la crème et le vin blanc dans la cuve de votre appareil. Faites cuire 1 minute en mode cuisson rapide.
4. Servez parsemé de persil fraîchement ciselé.

DAURADE
au curry vert

PRÉPARATION : 5 MIN

CUISSON : 1 MIN

POUR 4 PERS.

INGRÉDIENTS

- 2 daurades roses de 400 g chacune en filets
- 2 cuil. à soupe de pâte de curry
- 20 cl de lait de coco
- 1 poivron vert
- 1 morceau de piment vert
- 30 g de gingembre frais
- 1 botte de coriandre
- 1 citron vert
- Sel

PRÉPARATION

1. Évidez le poivron et le piment. Épluchez le gingembre. Pressez le citron.

2. Mixez la pâte de curry avec le poivron, le piment, le gingembre, la coriandre, le lait de coco, le jus de citron vert et un peu de sel.

3. Versez la préparation dans la cuve de votre appareil avec les filets de daurade. Faites cuire 1 minute en mode cuisson rapide.

Bar
AU GINGEMBRE, choux de Bruxelles, crème citron

PRÉPARATION : 8 MIN

CUISSON : 2 MIN

POUR 4 PERS.

INGRÉDIENTS

- 4 pavés de bar de 150 g chacun
- 400 g de choux de Bruxelles
- 30 cl de crème liquide
- 1 citron jaune bio
- 30 g de gingembre frais
- 1 botte de cives
- Huile d'olive
- Sel, poivre

PRÉPARATION

1. Émincez les cives et gardez 2 tiges émincées de côté. Épluchez et hachez le gingembre. Éliminez les premières feuilles des choux et coupez les têtes en deux. Prélevez de fins zestes de citron à l'aide d'un épluche-légumes (si possible rasoir).

2. Versez les cives, la crème, le gingembre, les choux et les zestes de citron dans la cuve avec 10 cl d'eau. Salez et poivrez légèrement. Disposez dans l'appareil le panier vapeur avec les pavés de bar. Arrosez de 1 filet d'huile d'olive et faites cuire 2 minutes en mode cuisson rapide.

3. Pressez la moitié du citron dans la cuve.

4. Servez le poisson avec le chou et le jus de cuisson. Parsemez de cive émincée.

LOTTE
à l'armoricaine

PRÉPARATION : 10 MIN

CUISSON : 24 MIN

POUR 4 PERS.

INGRÉDIENTS

- 700 g de queue de lotte
- 20 cl de bisque de crevettes ou de homard (chez Picard® ou chez votre poissonnier)
- 500 g de tomates
- 2 échalotes
- 2 gousses d'ail
- ½ botte de persil
- 1 cuil. à soupe d'armagnac
- Huile d'olive
- Sel, poivre

PRÉPARATION

1. Taillez la lotte en gros morceaux. Épluchez et hachez les échalotes et l'ail. Coupez les tomates en morceaux.
2. Faites revenir les échalotes et l'ail avec 1 filet d'huile d'olive dans la cuve de votre appareil pendant 3 minutes en mode dorer.
3. Versez la bisque, les tomates et l'armagnac dans la cuve. Faites cuire 20 minutes en mode cuisson rapide.
4. Salez, poivrez, disposez la lotte dans la cuve et faites cuire 1 minute en mode cuisson rapide.
5. Servez le poisson avec la sauce. Parsemez de persil préalablement ciselé.

Maquereaux, CHOU ROUGE, *pomme*, *vinaigre de cidre*

PRÉPARATION : 10 MIN

CUISSON : 6 MIN

POUR 4 PERS.

INGRÉDIENTS

- 4 gros filets de maquereau ou 4 petits maquereaux
- ½ chou rouge
- 1 pomme rouge
- 20 cl de vinaigre de cidre
- 10 baies de genièvre
- ½ botte de persil
- Huile d'olive
- Sel, poivre

PRÉPARATION

1. Émincez le chou. Évidez la pomme et coupez-la en petits morceaux.
2. Versez le chou, la pomme, le vinaigre de cidre, les baies de genièvre, 1 bon filet d'huile d'olive, 20 cl d'eau, du sel et du poivre dans la cuve de votre appareil. Faites cuire 5 minutes en mode cuisson rapide.
3. Mélangez, disposez le poisson sur le tout et prolongez la cuisson de 1 minute en mode cuisson rapide.
4. Servez le maquereau avec le chou. Parsemez de persil préalablement ciselé.

ROUGET
sauce chien

PRÉPARATION : 8 MIN

CUISSON : 1 MIN

POUR 4 PERS.

INGRÉDIENTS

- 8 filets de rouget
- 2 oignons jeunes
- 1 gousse d'ail
- 1 petit morceau de piment frais
- 1 citron vert bio
- 1 botte de persil
- Huile d'olive
- Sel, poivre

PRÉPARATION

1. Épluchez les oignons et l'ail. Épépinez le piment. Râpez et pressez le citron.

2. Versez 20 cl d'eau dans la cuve de votre appareil. Disposez le panier vapeur dans la cuve avec les filets de rouget à l'intérieur. Faites cuire 1 minute en mode cuisson rapide.

3. Mixez les oignons, l'ail, le piment, le jus de citron et le persil avec du sel et de poivre. Versez 5 cl d'eau bouillante de la cuisson du poisson dans le mélange mixé.

4. Servez le poisson avec la sauce chien et parsemez de zestes de citron et de 1 filet d'huile d'olive.

Sardines PERSILLÉES, *boulgour pilaf*

PRÉPARATION : 10 MIN

CUISSON : 9 MIN

POUR 4 PERS.

INGRÉDIENTS

- 12 sardines
- 300 g de boulgour
- 5 gousses d'ail
- 1 oignon jaune
- 1 citron jaune
- 1 bouquet garni
- 1 botte de persil
- Huile d'olive
- Piment d'Espelette
- Sel

PRÉPARATION

1. Épluchez et hachez l'oignon et l'ail. Ciselez le persil. Coupez le citron en quartiers.

2. Faites revenir l'oignon et la moitié de l'ail avec 1 filet d'huile d'olive dans la cuve de votre appareil en mode dorer pendant 2 minutes.

3. Ajoutez le boulgour, le bouquet garni, 90 cl d'eau, du sel et du piment d'Espelette. Faites cuire 5 minutes en mode cuisson rapide.

4. Disposez le panier vapeur dans la cuve et placez-y les sardines. Parsemez de l'ail restant, d'un peu de persil, de sel et de piment. Arrosez de 1 filet d'huile d'olive et faites cuire 2 minutes en mode cuisson rapide.

5. Ôtez le bouquet garni et servez les sardines avec le boulgour, des quartiers de citron et du persil ciselé.

BLANQUETTE de colin safrané

PRÉPARATION : 8 MIN

CUISSON : 6 MIN

POUR 4 PERS.

INGRÉDIENTS

- 700 g de filet de colin
- 500 g de champignons de Paris
- 300 g de carottes
- 100 g d'oignons grelots
- 20 cl de crème épaisse
- 10 cl de vin blanc
- 1 bouquet garni
- 2 doses de safran
- ¼ de botte de persil
- Sel, poivre

PRÉPARATION

1. Épluchez les oignons et les carottes. Éliminez le pied des champignons. Taillez les champignons et les carottes en morceaux. Coupez le colin en gros morceaux.

2. Versez les oignons, les carottes, les champignons, la crème, le vin blanc, le safran et le bouquet garni dans la cuve de votre appareil. Salez et poivrez. Faites cuire 5 minutes en mode cuisson rapide.

3. Ajoutez le colin dans la cuve et prolongez la cuisson de 1 minute en mode cuisson rapide.

4. Servez le poisson avec la garniture et la sauce. Parsemez de persil fraîchement ciselé.

PASTA
al tonno

PRÉPARATION :
8 MIN

CUISSON :
3 MIN (HORS CUISSON DES PÂTES)

POUR
4 PERS.

INGRÉDIENTS

- 400 g de pâtes de votre choix
- 1 kg de tomates
- 150 g de thon mariné à l'huile
- 2 oignons nouveaux
- 3 gousses d'ail
- 10 cl de vin blanc
- 40 g de parmesan râpé
- 1 cuil. à soupe d'origan séché
- 1 botte de basilic
- Sel, poivre

PRÉPARATION

1. Égouttez le thon en conservant l'huile. Émincez les oignons en mettant de côté les tiges vertes émincées. Épluchez et hachez l'ail. Coupez lez tomates en petits morceaux.

2. Faites revenir les oignons et l'ail avec 4 cuillerées à soupe d'huile du thon dans la cuve de votre appareil en mode dorer pendant 3 minutes.

3. Versez les pâtes, les tomates, le vin blanc, l'origan, du sel et du poivre. Versez un fond d'eau salée. Faites cuire la moitié du temps indiqué sur le paquet en mode cuisson rapide.

4. Mélangez avec le thon, le parmesan, le vert d'oignon émincé et le basilic préalablement ciselé.

TAJINE de poisson

PRÉPARATION : 10 MIN

CUISSON : 13 MIN

POUR 4 PERS.

INGRÉDIENTS

- 600 g de filets de poisson blanc
- 700 g de pommes de terre
- 500 g de tomates
- 400 g de semoule
- 100 g d'olives
- 1 oignon jaune
- 3 gousses d'ail
- 1 citron jaune bio
- 1 cuil. à soupe de harissa
- 1 cuil. à soupe de ras el-hanout
- ½ botte de coriandre
- Sel, poivre

PRÉPARATION

1. Faites bouillir 40 cl d'eau salée dans la cuve de votre appareil en mode dorer. Versez l'eau sur la semoule dans un saladier et couvrez.
2. Épluchez les pommes de terre. Coupez les pommes de terre et les tomates en morceaux. Épluchez et hachez l'oignon et l'ail. Râpez le citron.
3. Versez les pommes de terre, les tomates, les olives, l'oignon, l'ail, les zestes de citron et le ras el-hanout dans la cuve. Salez et poivrez. Faites cuire 10 minutes en mode cuisson rapide.
4. Ajoutez le poisson et prolongez la cuisson de 1 minute en mode cuisson rapide.
5. Servez le tout avec la semoule et de la harissa. Parsemez de coriandre préalablement ciselée.

Astuces) • P-ê. servi avec riz cuit à part

- utilisé concassé tomates au lieu des tomates
- Kalamaren olives sans noyaux
- Colombo au lieu du ras-el-hanout
- Ajusté temps cuisson

RAIE, *petits pois, câpres*

PRÉPARATION : 8 MIN

CUISSON : 5 MIN

POUR 4 PERS.

INGRÉDIENTS

- 4 morceaux d'aile de raie
- 500 g de petits pois
- 2 échalotes
- 2 cuil. à soupe de câpres
- 1 citron jaune
- 30 g de beurre
- ¼ de botte de persil
- Huile d'olive
- Sel, poivre

PRÉPARATION

1. Épluchez et hachez les échalotes. Pelez à vif le citron et levez les segments.

2. Faites revenir les morceaux de raie avec 1 filet d'huile d'olive et 30 g de beurre dans la cuve de votre appareil en mode dorer pendant 4 minutes, retournez-les à mi-cuisson.

3. Ajoutez les échalotes, les petits pois, les câpres, les segments de citron, 10 cl d'eau salée et faites cuire 1 minute en mode cuisson rapide.

4. Poivrez et servez le tout parsemé de persil préalablement ciselé.

COLIN
au vin rouge

PRÉPARATION :
8 MIN

CUISSON :
6 MIN

POUR
4 PERS.

INGRÉDIENTS

- 4 pavés de colin
- 20 cl de vin rouge
- 50 g de beurre
- 2 échalotes
- 1 bouquet garni
- 1 cuil. à café rase de Maïzena®
- ½ botte d'estragon
- Huile d'olive
- Sel, poivre

PRÉPARATION

1. Épluchez et hachez les échalotes.

2. Faites revenir les échalotes avec 1 filet d'huile d'olive et 50 g de beurre dans la cuve de votre appareil en mode dorer pendant 3 minutes.

3. Mélangez le vin rouge avec la Maïzena®. Versez le mélange, le bouquet garni, un peu de sel et de poivre dans la cuve. Faites mijoter 2 minutes en mode dorer.

4. Disposez les poissons dans la cuve et faites cuire 1 minute en mode cuisson rapide.

5. Servez le poisson avec la sauce au vin. Parsemez d'estragon préalablement ciselé.

Lotte
AU CITRON VERT,
sauce poivron

PRÉPARATION :
10 MIN

CUISSON :
13 MIN

POUR
4 PERS.

INGRÉDIENTS

4 pavés de queue de lotte
1 citron vert
4 poivrons rouges
2 oignons nouveaux
2 gousses d'ail
½ botte de persil
Huile d'olive
Sel, poivre

PRÉPARATION

1. Évidez les poivrons. Émincez les oignons et les poivrons. Mettez de côté 2 tiges de vert d'oignon émincées. Épluchez et hachez l'ail.
2. Faites revenir les oignons, les poivrons et l'ail avec 1 filet d'huile d'olive dans la cuve de votre appareil en mode dorer pendant 2 minutes.
3. Versez 10 cl d'eau et faites cuire 10 minutes en mode cuisson rapide.
4. Disposez le poisson dans la cuve sur les poivrons. Faites cuire 1 minute supplémentaire en mode cuisson rapide.
5. Débarrassez le poisson et mixez les poivrons. Salez et poivrez.
6. Servez le poisson avec la sauce poivron, parsemez de vert d'oignon et de persil préalablement ciselé. Accompagnez de quartiers de citron vert.

Maigre, POIVRONS, fenouil et olives

PRÉPARATION : 8 MIN

CUISSON : 13 MIN

POUR 4 PERS.

INGRÉDIENTS

- 4 pavés de maigre
- 1 poivron rouge
- 1 poivron vert
- 1 bulbe de fenouil
- 100 g d'olives
- 1 oignon jaune
- ½ botte de romarin
- Huile d'olive
- Sel, poivre

PRÉPARATION

1. Évidez les poivrons. Émincez le fenouil, les poivrons et l'oignon.
2. Faites revenir le fenouil, les poivrons, l'oignon et 3 branches de romarin avec 1 filet d'huile d'olive dans la cuve de votre appareil en mode dorer pendant 2 minutes.
3. Ajoutez les olives, versez 20 cl d'eau et faites cuire 10 minutes en mode cuisson rapide.
4. Disposez le poisson dans la cuve. Faites cuire 1 minute supplémentaire en mode cuisson rapide.
5. Salez et poivrez. Servez le poisson avec les légumes. Parsemez de romarin préalablement effeuillé et ciselé.

Cabillaud lardé, CHOU VERT *au raisin*

PRÉPARATION : 15 MIN

CUISSON : 17 MIN

POUR 4 PERS.

INGRÉDIENTS

- 4 pavés de cabillaud
- 12 tranches fines de poitrine fumée
- ½ chou vert
- 1 petite grappe de raisin
- 1 oignon jaune
- 1 cuil. à soupe d'origan séché
- ½ botte de persil
- Huile d'olive
- Sel, poivre

PRÉPARATION

1. Épluchez et hachez l'oignon. Éliminez les premières feuilles du chou, puis émincez-le. Enrobez les pavés de cabillaud de tranches de poitrine et piquez-les pour fixer le lard.

2. Faites dorer les pavés de cabillaud dans la cuve de votre appareil avec 1 filet d'huile d'olive en mode dorer pendant 5 minutes. Retournez-les à mi-cuisson. Mettez le poisson de côté.

3. Faites revenir l'oignon et le chou avec 1 filet d'huile d'olive dans la cuve de votre appareil en mode dorer pendant 3 minutes.

4. Ajoutez le raisin, l'origan, du sel, du poivre et faites cuire 8 minutes en mode cuisson rapide.

5. Disposez le poisson dans la cuve. Faites cuire 1 minute en mode cuisson rapide.

6. Servez le poisson avec le chou et parsemez de persil préalablement ciselé.

Daurade, purée DE BETTERAVES, *tartare de courgettes*

PRÉPARATION : 15 MIN

CUISSON : 46 MIN

POUR 4 PERS.

INGRÉDIENTS

- 4 filets de daurade
- 700 g de betteraves crues
- 2 courgettes
- 3 tiges de cive
- 1 citron jaune bio
- 1 botte de coriandre
- 1 cuil. à soupe de cumin
- 1 cuil. à soupe de graines de sésame
- 10 cl d'huile d'olive + un peu pour le tartare
- Sel, poivre

PRÉPARATION

1. Émincez les cives et la coriandre. Râpez et pressez le citron.
2. Lavez les betteraves et disposez-les dans la cuve de votre appareil. Couvrez-les d'eau salée et faites cuire 45 minutes en mode cuisson rapide.
3. Épluchez les betteraves, coupez-les en morceaux et mixez-les avec le cumin et l'huile d'olive.
4. Coupez les courgettes en petits dés. Versez 20 cl d'eau dans la cuve de votre appareil. Disposez le panier vapeur dans la cuve et remplissez-le avec les courgettes et le poisson. Faites cuire 1 minute en mode cuisson rapide.
5. Mélangez les courgettes, les cives, le jus et les zestes de citron, la coriandre et les graines de sésame avec 1 bon filet d'huile d'olive, du sel et du poivre.
6. Servez la purée de betteraves avec la daurade et le tartare de courgettes.

Papillote DE BAR *aux fèves*

PRÉPARATION : 10 MIN

CUISSON : 3 MIN

POUR 4 PERS.

INGRÉDIENTS

- 4 filets de bar
- 500 g de fèves
- 1 oignon nouveau
- 1 gousse d'ail
- 1 citron jaune bio
- 1 botte de ciboulette
- 40 g de copeaux de parmesan
- Huile d'olive
- Sel, poivre

PRÉPARATION

1. Râpez le citron et émincez l'oignon. Épluchez et hachez l'ail.
2. Versez les fèves dans la cuve de votre appareil. Couvrez-les d'eau et faites cuire 2 minutes.
3. Découpez 4 feuilles de papier sulfurisé et garnissez chaque feuille avec 1 filet de bar, des fèves, des oignons, de l'ail, des zestes de citron, 1 filet d'huile, du sel et du poivre.
4. Versez 20 cl d'eau dans la cuve et disposez le panier vapeur dans l'appareil. Fermez les papillotes et placez-les dans le panier vapeur. Faites cuire 1 minute en mode cuisson rapide.
5. Parsemez au dernier moment de ciboulette ciselée et de copeaux de parmesan.

TERRINE
de saumon

PRÉPARATION : 8 MIN

CUISSON : 45 MIN

POUR 4 PERS.

RÉFRIGÉRATION : 12 H

INGRÉDIENTS

- 500 g de saumon frais
- 1 œuf + 1 blanc d'œuf
- 20 cl de crème liquide
- ½ botte d'aneth
- 2 cuil. à soupe de baies roses
- 1 citron vert bio
- Huile d'olive
- Sel, poivre

Enrobez la terrine de saumon fumé au moment de la mettre dans le moule pour obtenir un résultat parfait.

PRÉPARATION

1. Râpez et pressez le citron vert. Coupez 150 g de saumon en petits cubes.

2. Mixez 350 g de saumon avec 1 œuf, 1 blanc d'œuf, la crème, 1 cuillerée à soupe de baies roses, le jus de citron vert, du sel et du poivre. Mélangez avec les cubes de saumon frais et 2 branches d'aneth ciselées.

3. Versez l'appareil dans un petit moule à cake préalablement chemisé de film alimentaire. Filmez le tout hermétiquement.

4. Versez 20 cl d'eau dans la cuve. Disposez le panier vapeur dans l'appareil et placez-y le moule. Faites cuire 45 minutes en mode cuisson rapide.

5. Placez au frais et consommez la terrine le lendemain.

6. Au dernier moment, parsemez d'aneth préalablement ciselé, des baies roses restantes et de zestes de citron. Arrosez de 1 filet d'huile d'olive.

Plats végétariens

HOUMOUS
épinards-feta

PRÉPARATION : 10 MIN

CUISSON : 47 MIN

POUR 4 PERS.

TREMPAGE : 12 H

INGRÉDIENTS

- 150 g de pois chiches secs
- 100 g d'épinards équeutés ou de pousses d'épinard
- 100 g de feta
- 1 citron jaune
- 1 cuil. à soupe de tahini
- 1 cuil. à soupe de graines de sésame
- 1 cuil. à soupe de cumin
- 1 cuil. à café de bicarbonate
- Huile d'olive
- Sel, poivre

PRÉPARATION

1. La veille, immergez les pois chiches dans 1 l d'eau avec le bicarbonate.

2. Le jour même, égouttez, rincez et versez les pois chiches dans la cuve de votre appareil. Mouillez avec 1 l d'eau. Portez à ébullition en mode dorer.

3. Mettez les épinards dans le panier vapeur et plongez-les dans l'eau bouillante de la cuve pendant 1 minute. Égouttez les épinards et refroidissez-les rapidement sous un filet d'eau froide. Pressez-les pour en extraire toute l'eau.

4. Faites cuire les pois chiches 45 minutes en mode cuisson rapide.

5. Pressez le citron. Mixez les pois chiches cuits, la feta, les épinards, le tahini, le jus de citron et le cumin avec du sel et du poivre.

6. Servez le houmous parsemé de graines de sésame avec 1 filet d'huile d'olive.

Vous pouvez remplacer les pois chiches secs par 350 g de pois chiches cuits au naturel. Dans ce cas, vous n'avez pas besoin de les précuire pendant 45 minutes.

Salade DE CAROTTES à la marocaine

PRÉPARATION : 10 MIN

CUISSON : 9 MIN

POUR 4 PERS.

INGRÉDIENTS

- 600 g de carottes pelées et coupées en rondelles
- 1 oignon rouge pelé et coupé en cubes
- 2 gousses d'ail pelées et hachées finement
- 1 cube de bouillon de légumes
- 1 cuil. à café de graines de cumin
- 50 g d'olives pimentées
- 2 tiges de menthe effeuillées
- 1 cuil. à soupe d'huile d'olive
- Sel, poivre

PRÉPARATION

1. Versez l'huile, l'oignon et l'ail dans la cuve et mettez le robot en mode dorer. Remuez à l'aide d'une cuillère en bois pendant le temps du préchauffage.

2. Ajoutez les carottes, 10 cl d'eau, le cube de bouillon émietté, la moitié du cumin, les olives, salez légèrement, poivrez et mélangez. Fermez le couvercle et mettez le robot en mode sous pression pour 6 minutes.

3. Parsemez les feuilles de menthe et le cumin restant, puis servez aussitôt.

Vous pouvez remplacer les feuilles de menthe par des feuilles de coriandre fraîche.

Salade de quinoa ET PETITS POIS *à la scamorza fumée*

PRÉPARATION : 8 MIN

CUISSON : 7 MIN

POUR 4 PERS.

INGRÉDIENTS

- 300 g de quinoa
- 200 g de petits pois
- 150 g de scamorza fumée
- 2 tomates
- 1 oignon rouge
- 1 botte de basilic
- 2 cuil. à soupe de vinaigre de xérès
- 2 cuil. à soupe de vinaigre balsamique
- Huile d'olive
- Sel, poivre

PRÉPARATION

1. Versez le quinoa et les petits pois dans la cuve de votre appareil. Mouillez à hauteur avec de l'eau salée et faites cuire 7 minutes en mode cuisson rapide.

2. Concassez les tomates. Épluchez et émincez l'oignon. Coupez la scamorza en petites tranches fines.

3. Mélangez le quinoa, les petits pois, la scamorza, la tomate, l'oignon et le basilic préalablement ciselé. Salez, poivrez, arrosez d'1 bon filet d'huile et des deux vinaigres.

Salade DE FENOUIL et pommes de terre aux olives

PRÉPARATION : 8 MIN

CUISSON : 5 MIN

POUR 4 PERS.

INGRÉDIENTS

2 bulbes de fenouil
700 g de pommes de terre
100 g d'olives vertes
1 oignon jaune
2 gousses d'ail
1 citron jaune bio
1 botte de persil
Huile d'olive
Sel, poivre

PRÉPARATION

1. Émincez le fenouil. Épluchez les pommes de terre et coupez-les en morceaux. Épluchez et émincez l'oignon et l'ail. Râpez le citron.

2. Versez le fenouil, les pommes de terre, l'oignon, l'ail, les zestes de citron et les olives dans la cuve de votre appareil. Ajoutez 10 cl d'eau, 1 bon filet d'huile d'olive, du sel et du poivre. Faites cuire 5 minutes en mode cuisson rapide.

3. Servez le tout parsemé de persil préalablement ciselé.

SALADE
chaude de brocoli

PRÉPARATION : 10 MIN

CUISSON : 2 MIN

POUR 4 PERS.

INGRÉDIENTS

- 1 gros brocoli
- 200 g de tofu
- 300 g de shiitakés
- 1 avocat
- 1 échalote
- 1 citron vert bio
- ½ botte d'aneth
- 2 cuil. à soupe de graines de lin
- Huile d'olive
- Sel, poivre

PRÉPARATION

1. Épluchez et hachez l'échalote. Coupez en deux l'avocat, ôtez le noyau, récupérez la chair et taillez-la en morceaux. Râpez et pressez le citron sur l'avocat. Séparez le brocoli en bouquets. Éliminez le pied des shiitakés et taillez-les en gros morceaux. Coupez le tofu en gros morceaux.

2. Versez les champignons et 10 cl d'eau dans la cuve de votre appareil. Disposez le panier vapeur dans la cuve et garnissez-le avec le brocoli et le tofu. Faites cuire 2 minutes en mode cuisson rapide.

3. Ciselez l'aneth. Mélangez le brocoli, le tofu, les shiitakés, l'avocat, l'échalote, l'aneth et les graines de lin. Arrosez de 1 filet d'huile d'olive, salez et poivrez.

SALADE
de légumes verts

PRÉPARATION : 10 MIN

CUISSON : 6 MIN

POUR 4 PERS.

INGRÉDIENTS

- 200 g de petits pois
- 200 g de fèves
- 200 g de haricots plats
- 1 botte d'asperges vertes
- 1 oignon blanc
- 1 gousse d'ail
- 1 citron bio
- ½ botte de menthe
- ½ botte de persil
- Huile d'olive
- Sel, poivre

PRÉPARATION

1. Épluchez les asperges, l'ail et l'oignon. Émincez l'ail et l'oignon. Coupez les haricots et les asperges en morceaux.

2. Faites revenir l'oignon et l'ail dans la cuve de votre appareil avec 1 filet d'huile d'olive en mode dorer pendant 1 minute.

3. Ajoutez les fèves, les haricots plats, les asperges et les petits pois. Versez 20 cl d'eau, salez, poivrez et faites cuire 5 minutes en mode cuisson rapide.

4. Servez le tout avec 1 filet d'huile d'olive, du citron râpé, de la menthe et du persil préalablement ciselés. Parsemez légèrement de sel et de poivre.

Salade de CAROTTES CUITES aigres-douces, épicées à l'indienne aux pois chiches

PRÉPARATION : 8 MIN

CUISSON : 50 MIN

POUR 4 PERS.

TREMPAGE : 12 H

INGRÉDIENTS

- 800 g de carottes
- 200 g de pois chiches secs
- 1 oignon nouveau
- 2 cuil. à soupe de curry madras
- 2 cuil. à soupe de miel
- 1 citron jaune
- ¼ de botte de persil
- ¼ de botte de menthe
- 1 cuil. à café de bicarbonate
- Huile d'olive
- Sel, poivre

PRÉPARATION

1. La veille, versez les pois chiches dans 1 l d'eau avec le bicarbonate.
2. Le jour même, égouttez, rincez et versez les pois chiches dans la cuve de votre appareil. Mouillez avec 1 l d'eau. Faites cuire les pois chiches 45 minutes en mode cuisson rapide.
3. Épluchez et émincez grossièrement les carottes. Émincez l'oignon.
4. Égouttez, rincez et remettez les pois chiches dans la cuve de votre appareil avec l'oignon, les carottes, le curry, le miel, 1 filet d'huile d'olive, du sel, du poivre et 10 cl d'eau. Faites cuire 5 minutes en mode cuisson rapide.
5. Au dernier moment pressez un citron sur le tout et parsemez de persil et de menthe ciselés.

ARTICHAUTS, *petits légumes*

PRÉPARATION : 8 MIN

CUISSON : 10 MIN

POUR 4 PERS.

INGRÉDIENTS

- 4 artichauts
- 300 g de carottes
- 1 bulbe de fenouil
- 1 poivron rouge
- 1 citron jaune
- 30 g de parmesan râpé
- Huile d'olive
- Sel, poivre

PRÉPARATION

1. Coupez les artichauts en deux et ôtez le foin à l'aide de la pointe d'un couteau. Pressez le citron sur les artichauts. Évidez le poivron et épluchez les carottes. Émincez le fenouil, le poivron et les carottes.

2. Versez les artichauts, le poivron, les carottes et le fenouil dans la cuve de votre appareil. Arrosez de 10 cl d'eau et de 1 filet d'huile d'olive. Salez et poivrez. Faites cuire 10 minutes en mode cuisson rapide.

3. Servez 1 artichaut aux légumes par personne arrosé de 1 filet d'huile d'olive et parsemé de parmesan.

RATATOUILLE
à la grecque

PRÉPARATION :
10 MIN

CUISSON :
7 MIN

POUR
4 PERS.

INGRÉDIENTS

- 400 g de tomates coupées en dés
- 400 g de courgettes coupées en dés
- 400 g d'aubergine coupée en dés
- 1 poivron rouge coupé en dés
- 2 gousses d'ail grossièrement hachées
- 1 gros oignon coupé en dés
- 4 branches de thym
- 1 cube de KUB OR® aux herbes de Provence
- 1 cuil. à soupe d'huile d'olive
- 90 g de feta émiettée
- Poivre

PRÉPARATION

1. Versez l'huile, l'ail, l'oignon et le thym dans la cuve et mettez le robot en mode dorer. Remuez à l'aide d'une cuillère en bois pendant le temps du préchauffage.

2. Ajoutez les tomates, les courgettes, l'aubergine, le poivron, 5 cl d'eau et le cube aux herbes, poivrez, fermez le couvercle et mettez le robot en mode sous pression pour 4 minutes.

3. Servez dans les assiettes et parsemez de feta.

Vous pouvez aussi parsemer quelques feuilles de basilic et verser 1 filet d'huile d'olive.

LÉGUMES, *feta et champignons*

PRÉPARATION : 8 MIN

CUISSON : 8 MIN

POUR 4 PERS.

INGRÉDIENTS

- 300 g de carottes
- 300 g de courgettes
- 300 g de pleurotes
- 150 g de feta
- 1 oignon rouge
- 1 gousse d'ail
- ½ botte de coriandre
- 1 citron jaune bio
- 1 cuil. à soupe de graines de pavot bleu
- Huile d'olive
- Sel, poivre

PRÉPARATION

1. Épluchez l'oignon, les carottes et l'ail. Éliminez le pied des champignons. Coupez en gros morceaux l'oignon, les carottes, les courgettes et les champignons. Hachez l'ail.

2. Faites revenir les oignons, les carottes et l'ail dans la cuve de votre appareil avec 1 filet d'huile d'olive en mode dorer pendant 3 minutes.

3. Ajoutez les courgettes, les champignons et 10 cl d'eau. Salez, poivrez et prolongez la cuisson de 5 minutes en mode cuisson rapide.

4. Effritez la feta, ciselez la coriandre, râpez et pressez le citron.

5. Mélangez les légumes avec la feta, la coriandre, les zestes et le jus de citron. Parsemez de pavot.

MIJOTÉ
de petits légumes

PRÉPARATION : 8 MIN

CUISSON : 7 MIN

POUR 4 PERS.

INGRÉDIENTS

- 400 g de carottes
- 400 g de petits pois
- 1 botte d'asperges
- 300 g de navets
- 1 oignon jaune
- 10 cl de vin blanc
- 1 bouquet garni
- 1 botte de persil
- Huile d'olive
- Sel, poivre

PRÉPARATION

1. Épluchez les carottes, les asperges et les navets et coupez-les en gros morceaux. Épluchez et hachez l'oignon.

2. Faites revenir l'oignon dans la cuve de votre appareil avec 1 filet d'huile d'olive en mode dorer pendant 2 minutes.

3. Ajoutez les carottes, les asperges, les navets, les petits pois, le bouquet garni et le vin blanc. Salez, poivrez et prolongez la cuisson de 5 minutes en mode cuisson rapide.

4. Ôtez le bouquet garni et servez le tout parsemé de persil préalablement ciselé.

Panais et choux DE BRUXELLES *au coulis de persil*

PRÉPARATION : 8 MIN

CUISSON : 23 MIN

POUR 4 PERS.

INGRÉDIENTS

- 500 g de panais
- 500 g de choux de Bruxelles
- 150 g de lentilles vertes
- 50 g de beurre
- 1 oignon jaune
- 1 bouquet garni
- 1 botte de persil
- Huile d'olive
- Sel, poivre

PRÉPARATION

1. Versez les lentilles dans la cuve de votre appareil, mouillez à hauteur et faites cuire 10 minutes en mode cuisson rapide avant de les égoutter.

2. Ôtez les premières feuilles des choux et coupez les têtes en quatre. Épluchez les panais et coupez-les en morceaux. Épluchez et hachez l'oignon.

3. Faites revenir l'oignon avec 1 filet d'huile d'olive dans la cuve de votre appareil en mode dore r pendant 3 minutes.

4. Ajoutez dans la cuve les choux, le panais, les lentilles, le bouquet garni et le beurre. Versez 40 cl d'eau et faites cuire 10 minutes en mode cuisson rapide.

5. Salez et poivrez. Mixez le persil avec 5 cl de jus de cuisson restant au fond de votre appareil. Ôtez le bouquet garni et servez les légumes recouverts de coulis de persil.

Gratin DE CHOU VERT à la tomme de brebis

PRÉPARATION : 15 MIN

CUISSON : 43 MIN

POUR 4 PERS.

INGRÉDIENTS

- 400 g de chou vert
- 1 oignon
- 2 gousses d'ail
- 150 g de tomme de brebis
- 20 cl de crème
- 2 œufs
- ½ cuil. à café de noix de muscade
- 2 cuil. à soupe d'herbes de Provence
- ½ botte de persil
- Huile d'olive
- Sel, poivre

PRÉPARATION

1. Éliminez les premières feuilles du chou, puis émincez-les. Épluchez et hachez l'oignon et l'ail.
2. Faites revenir l'oignon, l'ail et le chou dans la≈cuve de votre appareil avec 1 filet d'huile d'olive en mode dorer pendant 3 minutes.
3. Ajoutez 10 cl d'eau et faites cuire pendant 10 minutes en mode cuisson rapide.
4. Râpez la tomme de brebis. Cassez les œufs et fouettez-les avec la crème, la tomme de brebis, la noix de muscade râpée, 1 cuillerée à soupe d'herbes de Provence, du sel et du poivre. Mélangez avec le chou et versez le tout dans un plat qui puisse rentrer dans votre appareil. Filmez hermétiquement.
5. Versez 20 cl d'eau dans la cuve, disposez le panier vapeur et le plat dedans. Faites cuire 30 minutes en mode cuisson rapide.
6. Ôtez le film et servez chaud parsemé d'herbes de Provence restantes et de persil ciselé.

RAGOÛT
de betteraves

PRÉPARATION :
15 MIN

CUISSON :
45 MIN

POUR
4 PERS.

TREMPAGE :
12 H

INGRÉDIENTS

- 1 kg de betteraves crues
- 300 g de haricots rouges
- 1 oignon rouge
- 2 gousses d'ail
- 1 cuil. à soupe de graines de cumin
- ½ botte de coriandre
- Sel, poivre

PRÉPARATION

1. La veille, immergez les haricots rouges dans une casserole remplie d'eau fraîche.
2. Le jour même, égouttez les haricots et versez-les dans la cuve de votre appareil avec 2 l d'eau froide. Faites cuire 10 minutes en mode cuisson rapide.
3. Épluchez et hachez l'oignon et l'ail. Épluchez les betteraves et coupez-les en gros morceaux.
4. Égouttez et rincez les haricots. Reversez-les dans la cuve avec les betteraves, l'oignon, l'ail, 50 cl d'eau et le cumin. Faites cuire 35 minutes en mode cuisson rapide.
5. Salez, poivrez et parsemez de coriandre préalablement ciselée.

Omelette aux POMMES DE TERRE et champignons

PRÉPARATION : 8 MIN

CUISSON : 14 MIN

POUR 4 PERS.

INGRÉDIENTS

- 12 œufs
- 600 g de pommes de terre
- 400 g de champignons de Paris
- 2 oignons nouveaux
- 2 gousses d'ail
- ½ botte de romarin
- Huile d'olive
- Sel, poivre

PRÉPARATION

1. Épluchez les oignons et l'ail. Émincez les oignons, l'ail et le romarin effeuillé. Mettez de côté le vert des oignons et un peu de romarin émincés. Épluchez les pommes de terre et coupez-les en morceaux. Éliminez le pied des champignons et taillez-les en quartiers.

2. Faites revenir les oignons et l'ail dans la cuve de votre appareil avec 1 filet d'huile d'olive pendant 3 minutes en mode dorer.

3. Ajoutez les pommes de terre, les champignons, le romarin et 10 cl d'eau. Faites cuire 10 minutes en mode cuisson rapide.

4. Cassez les œufs et fouettez-les avec du sel et du poivre. Versez les œufs dans la cuve et faites cuire 30 secondes en mode dorer tout en remuant. Fermez légèrement le couvercle et prolongez la cuisson de 30 secondes.

5. Disposez une petite assiette dans la cuve, sur l'omelette, et retournez la cuve. Transvasez ensuite l'omelette dans une plus grande assiette.

6. Parsemez de vert d'oignon et de romarin émincés.

CAKE courgette-chèvre

PRÉPARATION : 10 MIN

CUISSON : 50 MIN

POUR 4 PERS.

INGRÉDIENTS

- 200 g de farine
- 3 œufs
- 10 cl d'huile d'olive
- 1 courgette
- 150 g de chèvre type Petit Billy®
- ⅓ de botte de menthe
- ½ cuil. à café de bicarbonate de soude
- Sel, poivre

PRÉPARATION

1. Filmez l'intérieur d'un petit moule à cake. Coupez le chèvre et la courgette en petits morceaux.

2. Mixez les œufs avec la farine, l'huile, le bicarbonate, le chèvre, la courgette, 3 branches de menthe effeuillées, du sel et du poivre.

3. Versez la préparation dans le moule et filmez-le de manière hermétique.

4. Versez 20 cl d'eau dans la cuve de votre appareil. Disposez-y le panier vapeur avec le moule à cake. Faites cuire 50 minutes en mode cuisson rapide.

Flan de COURGETTES, *patate douce*

PRÉPARATION : 10 MIN

CUISSON : 30 MIN

POUR 4 PERS.

INGRÉDIENTS

- 200 g de courgettes
- 200 g de patate douce
- 2 œufs
- 20 cl de crème liquide
- 60 g de parmesan râpé
- 1 cuil. à café d'herbes de Provence
- Quelques branches de persil (facultatif)
- Sel, poivre

PRÉPARATION

1. Épluchez la patate douce. Coupez les courgettes et la patate douce en petits cubes.

2. Versez 20 cl d'eau dans la cuve de votre appareil. Disposez le panier vapeur contenant les courgettes et la patate douce dans la cuve. Faites cuire 15 minutes en mode cuisson rapide.

3. Mixez les courgettes, la patate douce, les œufs, la crème, 50 g de parmesan et les herbes de Provence avec du sel et du poivre.

4. Versez dans 4 ramequins, filmez de manière hermétique et disposez les ramequins dans le panier vapeur en les superposant en quinconce. Faites cuire 15 minutes en mode cuisson rapide.

5. Parsemez de parmesan râpé restant et éventuellement de persil ciselé et dégustez tiède.

CURRY
de patates douces

PRÉPARATION :
10 MIN

CUISSON :
8 MIN

POUR
4 PERS.

INGRÉDIENTS

- 600 g de patates douces coupées en cubes
- 400 g de brocoli en petits bouquets
- 1 oignon pelé et coupé en dés
- 1 gousse d'ail pelée et coupée en deux
- 1 bâton de citronnelle coupé en trois (facultatif)
- 1 cuil. à café de pâte de curry
- 1 cube de bouillon de légumes
- 20 cl de crème de coco
- 1 cuil. à soupe d'huile de tournesol
- Poivre

PRÉPARATION

1. Versez l'huile, l'oignon, l'ail et la citronnelle dans la cuve et mettez le robot en mode dorer. Remuez à l'aide d'une cuillère en bois pendant le temps du préchauffage.

2. Dans un bol, diluez la pâte de curry dans 10 cl d'eau.

3. Ajoutez dans le robot les patates douces, le brocoli, le cube de bouillon émietté, la pâte de curry diluée, poivrez, puis fermez le robot et laissez cuire 2 minutes en mode sous pression.

4. Ajoutez 15 cl de crème de coco et laissez 3 minutes en mode maintien au chaud en remuant de temps en temps. Arrosez de la crème de coco restante et servez.

Dahl AUX LENTILLES corail et pois chiches

PRÉPARATION : 5 MIN

CUISSON : 8 MIN

POUR 4 PERS.

INGRÉDIENTS

- 200 g de lentilles corail
- 200 g de pois chiches au naturel
- 200 g de tomates concassées
- 1 oignon pelé et coupé en petits dés
- 1 gousse d'ail pelée et hachée finement
- 3 tranches de gingembre frais
- 1 cube de bouillon de légumes
- 1 cuil. à café de garam masala
- 20 cl de crème de coco
- 2 tiges de coriandre effeuillées
- 1 cuil. à soupe d'huile de tournesol
- Sel, poivre

PRÉPARATION

1. Versez l'huile, l'oignon, l'ail et le gingembre dans la cuve et mettez le robot en mode dorer. Remuez à l'aide d'une cuillère en bois pendant le temps du préchauffage.

2. Ajoutez les pois chiches, les lentilles, les tomates, 40 cl d'eau, le cube de bouillon émietté, le garam masala, salez légèrement et poivrez. Mélangez, puis fermez le couvercle et mettez le robot en mode sous pression pour 5 minutes.

3. Ajoutez la crème de coco, mélangez et parsemez les feuilles de coriandre.

Vous pouvez remplacer le garam masala par du curry.

Stoemp AUX CAROTTES *et au poireau*

PRÉPARATION : 15 MIN

CUISSON : 12 MIN

POUR 4 PERS.

INGRÉDIENTS

- 800 g de pommes de terre à purée pelées et coupées en cubes
- 2 carottes pelées et coupées en rondelles
- 1 blanc de poireau coupé en tranches fines
- 1 oignon pelé et coupé en petits cubes
- 15 cl de bouillon de légumes
- 20 g de beurre
- Sel, poivre

PRÉPARATION

1. Déposez le beurre, le poireau et l'oignon dans la cuve et mettez le robot en mode dorer. Remuez à l'aide d'une cuillère en bois pendant le temps du préchauffage.
2. Ajoutez les pommes de terre et les carottes, salez, poivrez et laissez cuire 3 minutes en remuant.
3. Versez le bouillon de légumes, fermez le couvercle et mettez le robot en mode sous pression pour 6 minutes.
4. Écrasez grossièrement à la fourchette ou au presse-purée.

POMMES DE TERRE *fondantes*

PRÉPARATION : 8 MIN

CUISSON : 25 MIN

POUR 4 PERS.

INGRÉDIENTS

- 1 kg de pommes de terre charlotte
- 150 g de beurre
- 1 cuil. à café d'ail séché en poudre
- ½ botte de thym
- ½ botte de persil
- Sel, poivre

PRÉPARATION

1. Clarifiez le beurre. Pour cela, faites-le fondre doucement (si possible au bain-marie), puis transvasez-le dans un autre récipient en prenant garde de ne pas verser le petit lait au fond.

2. Épluchez les pommes de terre et taillez-les en fines tranches à l'aide d'une mandoline.

3. Versez un tiers du beurre clarifié dans la cuve de votre appareil. Disposez les lamelles de pomme de terre dans la cuve en les faisant se chevaucher. Parsemez de thym effeuillé, de sel et de poivre au fur et à mesure. Versez 40 cl d'eau, le restant de beurre clarifié et pressez le tout. Faites cuire pendant 20 minutes en mode cuisson rapide.

4. Disposez une assiette dans la cuve, sur les pommes fondantes, et retournez la cuve. Attention à ne pas vous brûler, le beurre et le liquide de cuisson risquent de couler.

5. Transvasez les pommes fondantes dans une plus grande assiette. Parsemez de persil préalablement ciselé et d'ail séché.

Terrine POIVRON, tomate, ricotta

PRÉPARATION : 8 MIN

CUISSON : 45 MIN

POUR 4 PERS.

REPOS : 2 H

INGRÉDIENTS

- 300 g de poivrons confits à l'huile
- 150 g de sauce tomate arrabbiata
- 250 g de ricotta
- 2 gousses d'ail
- 3 œufs
- 50 g d'olives
- 1 cuil. à café d'herbes de Provence
- ½ botte de basilic
- Sel, poivre

PRÉPARATION

1. Épluchez l'ail et égouttez les poivrons.
2. Mixez 200 g de poivrons avec la sauce arrabbiata, la ricotta, l'ail, les œufs, les herbes de Provence, du sel et du poivre.
3. Versez la préparation dans un moule à cake préalablement chemisé de film alimentaire. Filmez le tout hermétiquement.
4. Versez 20 cl d'eau dans la cuve. Disposez le panier vapeur dans l'appareil et placez-y le moule. Faites cuire 45 minutes en mode cuisson rapide.
5. Laissez reposer 2 heures, recouvrez des poivrons confits restants, d'olives et de basilic fraîchement ciselé. Dégustez tiède.

PRESSÉ d'aubergines

PRÉPARATION : 8 MIN

CUISSON : 10 MIN

POUR 4 PERS.

RÉFRIGÉRATION : 1 H

INGRÉDIENTS

- 3 aubergines
- 80 g de tomates confites
- 1 oignon nouveau
- 3 gousses d'ail
- 2 bottes de basilic
- 50 g de parmesan râpé
- 30 g de pignons de pin
- 1 cuil. à soupe d'origan séché
- Huile d'olive
- Sel, poivre

PRÉPARATION

1. Coupez les aubergines en gros morceaux. Émincez l'oignon et les tomates confites. Épluchez et hachez l'ail.

2. Versez les aubergines dans la cuve de votre appareil avec 1 filet d'huile d'olive, 20 cl d'eau, du sel et du poivre. Faites cuire en mode cuisson rapide pendant 10 minutes.

3. Égouttez et pressez les aubergines. Mélangez les aubergines, les tomates confites, l'oignon, l'ail et l'origan avec 1 filet d'huile d'olive, du sel et du poivre.

4. Remplissez un petit moule à cake avec la préparation. Placez le tout au réfrigérateur pour 1 heure minimum.

5. Effeuillez et ciselez le basilic. Retournez la terrine et parsemez de basilic, de pignons de pin et de parmesan.

Mijoté DE BUTTERNUT, *romarin, cumin*

PRÉPARATION : 8 MIN

CUISSON : 5 MIN

POUR 4 PERS.

INGRÉDIENTS

- 1 kg de butternut
- 150 g de mozzarella
- 1 oignon rouge
- ½ botte de romarin
- ½ botte de basilic
- 1 cuil. à soupe de graines de cumin
- 1 cuil. à soupe d'origan
- Sel, poivre

PRÉPARATION

1. Épluchez le butternut et coupez-le en gros morceaux. Coupez la mozzarella en gros morceaux. Épluchez et émincez l'oignon. Ciselez le romarin.

2. Versez le butternut, l'oignon, le romarin, le cumin, l'origan, du sel et du poivre dans la cuve de votre appareil. Mouillez avec 10 cl d'eau et faites cuire 5 minutes en mode cuisson rapide.

3. Mélangez avec les morceaux de mozzarella. Parsemez au dernier moment de basilic préalablement ciselé.

Lentilles, AVOCAT, TOMATE et frisée cuite au balsamique

PRÉPARATION : 8 MIN

CUISSON : 16 MIN

POUR 4 PERS.

INGRÉDIENTS

- 300 g de lentilles vertes
- 1 avocat
- 2 grosses tomates
- ½ salade frisée
- 1 oignon rouge
- 4 cuil. à soupe de vinaigre balsamique
- 1 botte de basilic
- Sel, poivre

PRÉPARATION

1. Versez les lentilles dans la cuve de votre appareil, mouillez à hauteur et faites cuire 15 minutes en mode cuisson rapide.

2. Ôtez les premières feuilles de la frisée et taillez le reste grossièrement. Versez la frisée dans la cuve et prolongez la cuisson de 1 minute.

3. Concassez les tomates. Épluchez et hachez l'oignon. Coupez en deux l'avocat, dénoyautez-le et émincez-le.

4. Égouttez les lentilles et la salade.

5. Mélangez les lentilles, la salade, l'avocat, les tomates, l'oignon et le balsamique. Salez, poivrez et parsemez de basilic fraîchement ciselé.

Tandoori
DE POIS CHICHES
aux légumes

PRÉPARATION : 8 MIN

CUISSON : 55 MIN

POUR 4 PERS.

TREMPAGE : 12 H

INGRÉDIENTS

- 200 g de pois chiches secs
- 1 kg de tomates
- 200 g de haricots plats
- 1 poivron rouge
- 1 oignon rouge
- 2 gousses d'ail
- 2 cuil. à soupe de pâte de tandoori
- 2 yaourts grecs
- 1 citron vert
- 4 pains pita
- ½ botte de coriandre
- 1 cuil. à café de bicarbonate
- Sel, poivre

PRÉPARATION

1. La veille, versez les pois chiches dans 1 l d'eau avec le bicarbonate.

2. Le jour même, égouttez, rincez et versez les pois chiches dans la cuve de votre appareil. Mouillez avec 1 l d'eau. Faites cuire les pois chiches 45 minutes en mode cuisson rapide.

3. Épluchez et hachez l'ail et l'oignon. Concassez les tomates. Taillez les haricots plats en gros morceaux. Évidez et émincez le poivron.

4. Égouttez les pois chiches et reversez-les dans la cuve de votre appareil avec les tomates, le poivron, l'oignon, l'ail, les haricots plats, la pâte de tandoori, du sel et du poivre. Faites cuire 10 minutes en mode cuisson rapide.

5. Servez la préparation avec des pains pita toastés, du yaourt grec et des quartiers de citron vert. Parsemez de coriandre ciselée au dernier moment.

Polenta ET COMPOTÉE *de poivrons* *aux champignons*

PRÉPARATION : 8 MIN

CUISSON : 12 MIN

POUR 4 PERS.

INGRÉDIENTS

- 200 g de polenta
- 2 poivrons rouges
- 1 kg de champignons variés (ici shiitakés, pleurotes et champignons de Paris)
- 2 oignons nouveaux
- 3 gousses d'ail
- 1 l de lait entier
- 1 botte de persil
- Huile d'olive
- Sel, poivre

PRÉPARATION

1. Émincez les oignons et mettez 2 verts émincés de côté. Évidez et émincez les poivrons. Épluchez et hachez l'ail. Éliminez le pied des champignons et coupez-les grossièrement.

2. Disposez dans la cuve de votre appareil les champignons, les poivrons, les oignons et l'ail. Versez 10 cl d'eau, 1 filet d'huile d'olive, du sel et du poivre. Faites cuire 10 minutes en mode cuisson rapide. Réservez.

3. Versez la polenta, le lait, 30 cl d'eau, du sel et du poivre dans la cuve de votre appareil et mélangez. Faites cuire 2 minutes en mode cuisson rapide.

4. Servez la polenta avec la compotée de poivrons aux champignons. Parsemez de verts d'oignon émincés et de persil préalablement ciselé.

Spaghettis de PATATE DOUCE à la crème de sauge

PRÉPARATION : 10 MIN

CUISSON : 4 MIN

POUR 4 PERS.

INGRÉDIENTS

- 1 kg de patates douces
- 60 cl de crème liquide
- 1 botte de sauge
- 2 gousses d'ail
- 2 cuil. à soupe de mélange de graines pour salade
- Sel, poivre

PRÉPARATION

1. Épluchez les patates douces et taillez-les en spaghettis à l'aide d'une mandoline munie de l'accessoire à julienne. Épluchez et hachez l'ail.
2. Versez les spaghettis de patate douce, l'ail, 40 cl de crème, 2 branches de sauge, du sel et du poivre dans la cuve de votre appareil. Faites cuire 2 minutes en mode cuisson rapide.
3. Dressez les spaghettis dans 4 bols et faites réduire la crème restante dans la cuve avec de la sauge préalablement ciselée, du sel et du poivre en mode dorer pendant 2 minutes.
4. Versez la crème sur les spaghettis et parsemez de petites graines.

CASSEROLE
d'hiver au blé

PRÉPARATION :
15 MIN

CUISSON :
8 MIN

POUR
4 PERS.

INGRÉDIENTS

- 300 g de courge coupée en petits cubes
- 100 g de carottes pelées et coupées en petits cubes
- 100 g de panais pelé et coupé en tranches
- 100 g de navets pelés et coupés en quartiers
- 100 g de blé type Ebly®
- 4 feuilles de sauge
- 1 cube de bouillon de légumes
- Sel, poivre

PRÉPARATION

1. Dans la cuve, versez la courge, les carottes, le panais, les navets, le blé et les feuilles de sauge, salez légèrement et poivrez.

2. Ajoutez 60 cl d'eau et le cube de bouillon émietté, mélangez, puis fermez le couvercle et mettez le robot en mode sous pression pour 8 minutes.

Vous pouvez ajouter des topinambours et des rutabagas coupés en cubes pour étoffer les saveurs.

PAPILLONS
à la putanesca

PRÉPARATION : 10 MIN

CUISSON : 13 MIN

POUR 4 PERS.

INGRÉDIENTS

- 300 g de farfalle Barilla® à 10 minutes de cuisson
- 400 g de tomates fraîches coupées en cubes
- 2 gousses d'ail pelées et hachées finement
- ½ cuil. à café d'origan
- 1 tige de basilic effeuillée et grossièrement hachée + quelques feuilles pour servir
- 4 filets d'anchois à l'huile coupés en petits morceaux
- 100 g d'olives pimentées
- 1 cuil. à soupe de câpres
- 1 cuil. à soupe d'huile d'olive
- Sel, poivre

PRÉPARATION

1. Versez l'huile, les tomates, l'ail, l'origan, le basilic et les anchois dans la cuve et mettez le robot en mode dorer. Remuez à l'aide d'une cuillère en bois pendant le temps du préchauffage.
2. Ajoutez les olives et les câpres et poursuivez la cuisson 3 minutes.
3. Ajoutez les farfalle et 50 cl d'eau, salez, poivrez et mélangez, puis fermez le couvercle et mettez le robot en mode sous pression pour 7 minutes.
4. Parsemez éventuellement quelques feuilles fraîches de basilic au moment de servir.

Afin de rendre ce plat plus attrayant pour les enfants, supprimez les câpres et les anchois.

PÂTES *au pesto*

PRÉPARATION : 3 MIN

CUISSON : 8 MIN

POUR 4 PERS.

INGRÉDIENTS

- 300 g de pâte type fusilli Barilla® à 11 minutes de cuisson
- 1 gousse d'ail pelée et émincée finement
- 2 cuil. à soupe de pesto
- 2 cuil. à soupe de parmesan râpé
- 1 tige de basilic effeuillée
- 1 cuil. à café de sel
- Poivre

PRÉPARATION

1. Versez 50 cl d'eau, les pâtes, l'ail et le sel dans la cuve, poivrez et mélangez, puis fermez le couvercle et mettez le robot en mode sous pression pour 8 minutes.

2. Ajoutez le pesto, mélangez, et servez agrémenté des feuilles de basilic et du parmesan.

Quelques pignons de pin hachés grossièrement et parsemés sur les pâtes ajouteront un peu de croquant.

PÂTES VEGAN
au potiron

PRÉPARATION :
10 MIN

CUISSON :
8 MIN

POUR
4 PERS.

INGRÉDIENTS

- 300 g de penne rigate Barilla® à 11 minutes de cuisson
- 200 g de chair de potiron coupée en petits cubes
- 20 cl de soja cuisine (crème de soja)
- 1 cube de bouillon de légumes
- 4 feuilles de sauge
- Sel, poivre

PRÉPARATION

1. Dans la cuve, versez 50 cl d'eau, le cube de bouillon émietté, le potiron, les pâtes et les feuilles de sauge, salez légèrement et poivrez, puis fermez le couvercle et mettez le robot en mode sous pression pour 8 minutes.

2. Ajoutez le soja cuisine et mélangez.

Pour une saveur plus classique, remplacez la sauge par 1 cuillerée à soupe de ciboulette hachée.

PÂTES
à la ratatouille

PRÉPARATION :
10 MIN

CUISSON :
11 MIN

POUR
4 PERS.

INGRÉDIENTS

- 300 g de penne rigate type Barilla® à 11 minutes de cuisson
- 200 g de courgettes coupées en cubes
- 200 g d'aubergine coupée en cubes
- 150 g de poivron coupé en cubes
- 150 g de tomates coupées en cubes
- 1 oignon rouge pelé et coupé en cubes
- 1 gousse d'ail pelée et hachée grossièrement
- 2 tiges de thym
- 1 cube de bouillon de légumes
- 2 tiges de basilic effeuillées
- 1 cuil. à soupe d'huile
- Sel, poivre

PRÉPARATION

1. Versez l'huile, l'oignon et l'ail dans la cuve et mettez le robot en mode dorer. Remuez à l'aide d'une cuillère en bois pendant le temps du préchauffage.

2. Ajoutez les pâtes, l'aubergine, les courgettes, le poivron, le thym et les tomates, salez légèrement et poivrez, puis mélangez.

3. Versez 50 cl d'eau et le cube de bouillon émietté, puis fermez le couvercle et mettez le robot en mode sous pression pour 8 minutes.

4. Parsemez de feuilles de basilic.

Vous pouvez rehausser les saveurs de ce plat avec une pincée de piment d'Espelette.

PÂTES
carbonara végé

PRÉPARATION : 8 MIN

CUISSON : 4 MIN (HORS CUISSON DES PÂTES)

POUR 4 PERS.

INGRÉDIENTS

- 400 g de spaghettis
- 300 g de tofu fumé
- 200 g de pecorino râpé
- 50 g de parmesan râpé
- 2 œufs + 1 jaune
- Huile d'olive
- Poivre

PRÉPARATION

1. Coupez le tofu en petits morceaux et faites-les revenir dans la cuve de votre appareil pendant 4 minutes avec 1 filet d'huile d'olive en mode dorer. Débarrassez le tofu.

2. Fouettez le pecorino avec 2 œufs entiers et 1 jaune. Rincez les spaghettis et versez-les dans la cuve. Mouillez avec 2 l d'eau. Faites cuire la moitié du temps indiqué sur le paquet en mode cuisson rapide.

3. Une fois que les pâtes sont cuites, égouttez-les en conservant 5 cl d'eau de cuisson.

4. Mélangez les pâtes avec l'eau de cuisson, les œufs fouettés, le tofu fumé et un peu de poivre. Parsemez de parmesan râpé et dégustez aussitôt.

PÂTES
4 fromages

PRÉPARATION : 8 MIN

CUISSON : 3 MIN (HORS CUISSON DES PÂTES)

POUR 4 PERS.

INGRÉDIENTS

- 500 g de pâtes de votre choix (ici des trofies)
- 80 g de mozzarella
- 80 g de parmesan en bloc
- 80 g de gorgonzola
- 80 g de bûche de chèvre cendrée
- 2 oignons nouveaux
- 3 gousses d'ail
- 1 cuil. à soupe de marjolaine fraîche (à défaut séchée)
- Huile d'olive
- Sel, poivre

PRÉPARATION

1. Versez les pâtes et un fond d'eau salée dans la cuve de votre appareil. Faites cuire la moitié du temps indiqué sur le paquet en mode cuisson rapide, puis égouttez les pâtes en conservant 10 cl d'eau de cuisson.

2. Émincez les oignons en mettant de côté les tiges vertes émincées. Épluchez et hachez l'ail. Coupez les fromages en petits morceaux.

3. Faites revenir les oignons et l'ail avec 1 filet d'huile d'olive dans la cuve de votre appareil en mode dorer pendant 3 minutes.

4. Versez les pâtes, l'eau de cuisson, les fromages et du poivre. Mélangez et parsemez de marjolaine et de vert des oignons.

RISOTTO d'asperges

PRÉPARATION : 8 MIN

CUISSON : 10 MIN

POUR 4 PERS.

INGRÉDIENTS

- 300 g de riz rond
- 1 botte d'asperges
- 1 oignon jaune
- 10 cl de vin blanc
- 80 g de parmesan râpé
- 1 cuil. à soupe d'origan séché
- ½ botte de basilic
- Huile d'olive
- Sel, poivre

PRÉPARATION

1. Épluchez les asperges et coupez-les en trois. Épluchez et hachez l'oignon.

2. Faites revenir l'oignon dans la cuve de votre appareil avec 1 filet d'huile d'olive pendant 3 minutes en mode dorer.

3. Ajoutez le riz, le vin blanc, la moitié de l'origan, 1 l d'eau et faites cuire 3 minutes en mode cuisson rapide. Ajoutez les asperges et prolongez la cuisson de 4 minutes.

4. Mélangez le tout avec le parmesan, le reste d'origan, un peu de sel et de poivre. Parsemez de basilic préalablement ciselé.

Riz aux légumes, TOFU et sauce gingembre

PRÉPARATION : 8 MIN

CUISSON : 6 MIN

POUR 4 PERS.

INGRÉDIENTS

- 200 g de riz basmati
- 200 g de tofu
- ½ chou-fleur
- 300 g de carottes
- ½ botte de cives
- 30 g de gingembre frais
- ½ botte de coriandre
- 10 cl d'huile d'olive
- 2 cuil. à soupe de sauce soja
- 2 cuil. à soupe d'huile de sésame
- 2 cuil. à soupe de graines de sésame
- 1 cuil. à café de purée de piment
- Sel, poivre

PRÉPARATION

1. Épluchez les carottes et le gingembre. Émincez les carottes. Râpez le gingembre. Taillez le chou-fleur en fleurettes. Mettez 2 tiges de cive de côté et coupez les autres en gros morceaux. Coupez le tofu en cubes.

2. Versez le riz, le tofu, le chou-fleur, les carottes, la cive, du sel et du poivre dans la cuve de votre appareil. Mélangez et couvrez d'eau à hauteur. Faites cuire 6 minutes en mode cuisson rapide.

3. Mélangez le gingembre, le piment, la sauce soja, l'huile de sésame et 10 cl d'huile d'olive.

4. Arrosez le riz de sauce, parsemez de coriandre préalablement ciselée et de graines de sésame.

福
各式名菜
正宗料理
喜慶壽宴
服務週到
福

COUSCOUS *végétarien*

PRÉPARATION : 10 MIN

CUISSON : 30 MIN

POUR 4 PERS.

INGRÉDIENTS

- 400 g de semoule moyenne
- 1 kg de tomates
- 1 branche de céleri
- 1 poivron rouge
- 1 carotte
- 1 navet
- 1 petite courgette
- 1 petit morceau de piment
- ½ botte de coriandre
- 1 capsule de safran
- 1 cuil. à café de gingembre en poudre
- 1 cuil. à soupe de ras el-hanout
- Huile d'olive
- Sel, poivre

PRÉPARATION

1. Épluchez la carotte et le navet. Évidez le poivron. Concassez les tomates. Hachez le piment. Coupez le céleri, le poivron, la carotte, le navet et la courgette en gros morceaux.

2. Versez tous les légumes dans la cuve de votre appareil avec le safran, le gingembre, le ras el-hanout, 1 bon filet d'huile d'olive, du sel et du poivre. Faites cuire 30 minutes en mode cuisson rapide.

3. Faites bouillir 40 cl d'eau salée, versez-la sur la semoule, couvrez et laissez gonfler pendant 5 minutes.

4. Servez la semoule avec les légumes, puis parsemez de coriandre préalablement ciselée.

Desserts

GÂTEAU *aux pommes*

PRÉPARATION : 20 MIN

CUISSON : 55 MIN

POUR 4 À 6 PERS.

RÉFRIGÉRATION : 1 H

INGRÉDIENTS

- 400 g de pommes rouges
- 80 g de beurre demi-sel mou
- 60 g de sucre en poudre
- 50 g de farine
- 2 œufs
- 1 yaourt nature
- 2 cuil. à soupe de miel
- 1 cuil. à soupe de graines de pavot
- ½ cuil. à café de bicarbonate de soude

PRÉPARATION

1. Épluchez les pommes, évidez-les et coupez-les en morceaux. Versez les pommes et 10 cl d'eau dans la cuve de votre appareil. Faites cuire 10 minutes en mode cuisson rapide.

2. À l'aide d'un batteur électrique, fouettez les œufs avec le sucre pendant 5 minutes. Versez le beurre et le bicarbonate dans les œufs et fouettez 30 secondes supplémentaires. Incorporez délicatement la farine et les pommes à l'aide d'une maryse.

3. Chemisez un petit moule rond de film alimentaire. Versez la préparation dans le moule et filmez-le de manière hermétique.

4. Versez 20 cl d'eau dans la cuve de votre appareil. Disposez le panier vapeur, puis le moule dans la cuve. Faites cuire 45 minutes en mode cuisson rapide.

5. Placez au frais 1 heure minimum avant de servir.

6. Agrémentez au dernier moment de yaourt, miel et graines de pavot.

CHOCO-
amande

PRÉPARATION :
20 MIN

CUISSON :
35 MIN

POUR
4
À
6 PERS.

RÉFRIGÉRATION :
30 MIN

INGRÉDIENTS

- 125 g de chocolat noir
- 5 cl de lait d'amande
- 30 g de poudre d'amandes
- 75 g de beurre demi-sel
- 75 g de sucre en poudre
- 75 g de farine
- 3 œufs
- ½ cuil. à café d'essence d'amande amère
- 30 g d'amandes
- Sucre glace

PRÉPARATION

1. Faites fondre le chocolat et le beurre avec le lait dans la cuve de votre appareil en mode dorer.
2. Cassez les œufs et séparez les blancs des jaunes. Fouettez les jaunes avec le sucre. Versez la poudre d'amandes, l'essence d'amande amère, le chocolat puis la farine tout en fouettant.
3. Montez les blancs en neige, puis incorporez-les délicatement à la préparation à l'aide d'une maryse.
4. Chemisez un petit moule rond de film alimentaire. Versez la préparation dans le moule et filmez-le hermétiquement.
5. Versez 20 cl d'eau dans la cuve de votre appareil. Disposez le panier vapeur, puis le moule dans la cuve. Faites cuire 30 minutes en mode cuisson rapide.
6. Placez au frais 30 minutes minimum avant de servir. Retournez le gâteau dans une assiette. Saupoudrez-le de sucre glace et d'amandes concassées.

Gâteau MOELLEUX à la noix de coco

PRÉPARATION : 10 MIN

CUISSON : 32 MIN

POUR 4 PERS.

REPOS : 10 MIN

INGRÉDIENTS

- 160 g de chocolat blanc cassé en carrés
- 90 g de compote de pommes
- 60 g de sucre en poudre
- 2 œufs
- 60 g de farine
- 40 g de noix de coco râpée déshydratée + un peu pour servir
- 1 sachet de levure

PRÉPARATION

1. Mettez le chocolat dans un bol et passez-le au four à micro-ondes par tranches de 30 secondes jusqu'à ce qu'il soit fondu.
2. Dans un saladier, fouettez le sucre et les œufs. Ajoutez la farine, la compote, la noix de coco, le sachet de levure et mélangez.
3. Versez le chocolat fondu et mélangez à nouveau, puis répartissez dans des ramequins.
4. Versez 30 cl d'eau dans la cuve du robot, installez le panier vapeur, déposez-y les ramequins, puis fermez le couvercle et mettez le robot en mode sous pression pour 30 minutes.
5. Laissez tiédir ou refroidir, puis saupoudrez d'un peu de noix de coco avant de servir.

De la compote de mangues à la place de la pomme ajoutera à l'exotisme du gâteau.

CHEESECAKE

PRÉPARATION : 8 MIN

CUISSON : 25 MIN

POUR 4 À 6 PERS.

RÉFRIGÉRATION : 2 H

INGRÉDIENTS

- 250 g de fromage frais type St Môret®
- 80 g de sucre en poudre
- 1 œuf
- 1 citron jaune bio
- 100 g de biscuits petits-beurre
- 60 g de beurre
- ½ botte de basilic + un peu pour la décoration

Recouvrez de 150 g de fromage blanc pour plus de moelleux.

PRÉPARATION

1. Chemisez un petit moule rond de film alimentaire. Râpez et pressez le citron. Ciselez les deux tiers du basilic.

2. Cassez l'œuf et mixez-le avec le fromage frais, le sucre, les zestes et le jus de citron. Mélangez avec le basilic ciselé et versez la préparation dans le moule. Filmez le tout hermétiquement.

3. Versez 20 cl d'eau dans la cuve de votre appareil. Disposez le panier vapeur et le moule dans la cuve. Faites cuire 25 minutes en mode cuisson rapide. Réservez.

4. Faites fondre le beurre dans la cuve de votre appareil en mode dorer. Mixez les biscuits avec le beurre fondu.

5. Couvrez le gâteau avec les biscuits mixés. Placez au frais pour 2 heures minimum.

6. Démoulez le cheesecake et parsemez de basilic fraîchement ciselé.

FAR breton

PRÉPARATION : 8 MIN

CUISSON : 45 MIN

POUR 4 À 6 PERS.

RÉFRIGÉRATION : 2 H

INGRÉDIENTS

- 180 g de pruneaux
- 60 g de farine
- 50 g de sucre en poudre
- 2 œufs
- 22 cl de lait entier
- 1 cuil. à soupe de rhum brun
- Fleur de sel

PRÉPARATION

1. Mixez la farine, le sucre, les œufs, 1 pincée de fleur de sel et le rhum, puis versez le lait petit à petit tout en continuant de mixer.

2. Chemisez un petit moule à cake de film alimentaire. Disposez les pruneaux dans le fond du moule et versez délicatement la préparation sur les pruneaux. Filmez le moule de manière hermétique.

3. Versez 20 cl d'eau dans la cuve de votre appareil. Disposez le panier vapeur puis le moule dans la cuve. Faites cuire 45 minutes en mode cuisson rapide.

4. Placez au frais 2 heures minimum avant de servir.

Semoule au lait, PARFUM de cardamome

PRÉPARATION : 5 MIN

CUISSON : 1 MIN

POUR 4 PERS.

INGRÉDIENTS

- 100 g de semoule moyenne
- 50 cl de lait entier
- 2 capsules de cardamome
- 100 g de raisin frais
- 50 g de sucre de coco
- 1 citron jaune bio
- 4 cuil. à soupe de miel
- 2 cuil. à soupe de graines de lin
- 3 branches de menthe

PRÉPARATION

1. Ouvrez la cardamome et prélevez les graines. Râpez le citron. Coupez les grains de raisin en quatre.

2. Versez le lait, la semoule, le sucre, les zestes de citron, la moitié des raisins et les graines de cardamome dans la cuve de votre appareil. Faites cuire 1 minute en mode cuisson rapide.

3. Mélangez avec les raisins frais, arrosez de 1 filet de miel et parsemez de graines de lin et de menthe fraîchement ciselée.

GÂTEAU *marbré*

PRÉPARATION : 15 MIN

CUISSON : 45 MIN

POUR 4 À 6 PERS.

RÉFRIGÉRATION : 2 H

INGRÉDIENTS

- 120 g de farine
- 120 g de sucre cassonade
- 120 g de beurre mou
- 90 g d'œufs
- 40 g de chocolat noir
- 20 g de chocolat blanc
- ½ cuil. à café de bicarbonate de soude
- 1 pointe de couteau de poudre de vanille

PRÉPARATION

1. Faites fondre le chocolat noir au bain-marie.

2. Versez dans la cuve d'un robot pâtissier la farine, la cassonade, le beurre, le bicarbonate de soude et la vanille. Fouettez pendant 2 minutes à vitesse moyenne, ajoutez les œufs et fouettez 2 minutes supplémentaires. Mélangez 100 g de cette préparation avec le chocolat fondu.

3. Chemisez un petit moule rond de film alimentaire. Versez une première couche de pâte blanche dans le moule, une deuxième couche de pâte chocolatée et pour finir une troisième couche de pâte blanche. Mélangez très légèrement les deux pâtes avec la pointe d'un couteau pour obtenir un résultat marbré. Filmez le moule de manière hermétique.

4. Versez 20 cl d'eau dans la cuve de votre appareil. Disposez le panier vapeur, puis le moule dans la cuve. Faites cuire 40 minutes en mode cuisson rapide.

5. Placez au frais 2 heures minimum avant de servir. Au dernier moment, recouvrez du chocolat blanc râpé.

ÎLE *flottante*

PRÉPARATION : 20 MIN

CUISSON : 6 MIN

POUR 4 PERS.

RÉFRIGÉRATION : 1 H

INGRÉDIENTS

- 4 œufs
- 50 cl de lait entier
- 120 g de sucre en poudre
- 50 g de pralin
- Les graines de 1 gousse de vanille

PRÉPARATION

1. Versez le lait et les graines de vanille dans la cuve de votre appareil. Faites chauffer en mode dorer. Arrêter l'appareil au premier frémissement.

2. Cassez les œufs et séparez les jaunes des blancs. Fouettez les jaunes avec 80 g de sucre. Versez le lait chaud sur les jaunes et reversez dans la cuve. Faites cuire en mode dorer en remuant sans arrêt jusqu'à ce que la crème nappe la spatule. La température ne doit pas dépasser 84 °C. Laissez refroidir.

3. Chemisez un petit moule rond de film alimentaire. Battez les blancs en neige ferme avec le sucre restant et versez-les délicatement dans le moule. Filmez le moule de manière hermétique.

4. Versez 20 cl d'eau dans la cuve. Disposez le panier vapeur, puis le moule dans la cuve. Faites cuire 2 minutes en mode cuisson rapide. Placez au frais 1 heure minimum avant de servir.

5. Filtrez la crème refroidie. Démoulez les blancs d'œuf et découpez les formes de votre choix à l'aide d'un emporte-pièce. Servez avec la crème anglaise et parsemez de pralin moulu.

CRÈME au chocolat

PRÉPARATION :
2 MIN

CUISSON :
3 MIN

POUR
4 PERS.

RÉFRIGÉRATION :
1 H

INGRÉDIENTS

- 40 g de cacao en poudre
- 90 g de sucre en poudre
- 20 g de Maïzena®
- 50 cl de lait

PRÉPARATION

1. Dans la cuve, versez le cacao, le sucre, la Maïzena® et mélangez.
2. Ajoutez le lait et remuez à nouveau.
3. Mettez le robot en mode dorer et fouettez doucement le mélange, sans attendre la fin du préchauffage, jusqu'à ébullition. La crème doit alors avoir épaissi.
4. Retirez la cuve et continuez de fouetter durant 1 minute. Versez dans des ramequins et placez-les au réfrigérateur pour 1 heure.

Pour préserver la cuve, utilisez un fouet en plastique.

Renversé À LA FLEUR d'oranger

PRÉPARATION : 15 MIN

CUISSON : 30 MIN

POUR 4 À 6 PERS.

RÉFRIGÉRATION : 2 H

INGRÉDIENTS

- 3 œufs
- 50 cl de lait entier
- 250 g de sucre en poudre
- 1 pointe de couteau de poudre de vanille
- 2 cuil. à soupe d'eau de fleur d'oranger

PRÉPARATION

1. Faites chauffer 150 g de sucre dans la cuve de votre appareil en mode dorer jusqu'à obtenir un caramel blond. Versez le caramel dans le fond d'un petit moule rond.

2. Mixez les œufs, le lait, le sucre restant, la vanille et l'eau de fleur d'oranger. Versez le mélange sur le caramel. Filmez le moule de manière hermétique.

3. Versez 20 cl d'eau dans la cuve de votre appareil. Disposez le panier vapeur dans la cuve, puis déposez-y le moule. Faites cuire 25 minutes en mode cuisson rapide.

4. Placez au frais 2 heures minimum avant de servir.

5. Démoulez la crème renversée au dernier moment.

NOGENT
INOX
FRANCE

CLAFOUTIS *aux myrtilles*

PRÉPARATION : 10 MIN

CUISSON : 25 MIN

POUR 4 PERS.

RÉFRIGÉRATION : 2 H

INGRÉDIENTS

- 250 g de myrtilles
- 125 g de farine
- 100 g de sucre en poudre
- 25 cl de lait entier
- 3 œufs
- 1 pointe de couteau de poudre de vanille
- ½ botte de romarin

PRÉPARATION

1. Effeuillez et hachez 1 branche de romarin.
2. Mixez les œufs avec le sucre et le romarin haché. Tout en mixant, ajoutez la farine et la vanille et versez petit à petit le lait.
3. Disposez les myrtilles dans le fond d'un petit moule et versez délicatement la pâte par-dessus. Filmez le moule de manière hermétique.
4. Versez 20 cl d'eau dans la cuve de votre appareil. Disposez le panier vapeur, puis le moule dans la cuve. Faites cuire 25 minutes en mode cuisson rapide.
5. Placez au frais 2 heures minimum avant de servir.
6. Parsemez au dernier moment de romarin fraîchement ciselé.

CAKE
ananas, coco

PRÉPARATION : 20 MIN

CUISSON : 45 MIN

POUR 4 À 6 PERS.

RÉFRIGÉRATION : 1 H

INGRÉDIENTS

- 280 g de chair d'ananas
- 80 g de sucre de coco
- 50 g de poudre de coco
- 100 g de farine
- 70 g de beurre mou
- 2 œufs
- 3 branches de menthe
- ½ cuil. à café de bicarbonate de soude

PRÉPARATION

1. Épluchez l'ananas et coupez-le en petits morceaux. Mettez-en 30 g de côté pour la finition.
2. À l'aide d'un batteur électrique, fouettez les œufs avec le sucre pendant 5 minutes. Ajoutez le beurre, la poudre de coco, le bicarbonate et fouettez 30 secondes supplémentaires. Incorporez délicatement la farine et l'ananas à l'aide d'une maryse.
3. Chemisez un petit moule à cake de film alimentaire. Versez la préparation dans le moule et filmez-le hermétiquement.
4. Versez 20 cl d'eau dans la cuve de votre appareil. Disposez le panier vapeur, puis le moule dans la cuve. Faites cuire 45 minutes en mode cuisson rapide.
5. Placez au frais 1 heure minimum avant de servir.
6. Parsemez de morceaux d'ananas et de menthe fraîchement ciselée.

CAKE *banane*

PRÉPARATION : 15 MIN

CUISSON : 50 MIN

POUR 4 À 6 PERS.

REPOS : 1 H

INGRÉDIENTS

- 6 bananes bien mûres
- 120 g de farine
- 110 g de beurre
- 100 g de sucre en poudre
- 3 œufs
- 1 cuil. à café de poudre de vanille
- ½ cuil. à café de bicarbonate de soude

PRÉPARATION

1. Épluchez 4 bananes, émincez-les et versez-les dans la cuve de votre appareil. Faites-les revenir avec le sucre et 90 g de beurre en mode dorer pendant 5 minutes.

2. À l'aide d'un batteur électrique, fouettez les œufs avec le bicarbonate et la vanille pendant 5 minutes. Incorporez délicatement le contenu de la cuve et la farine à l'aide d'une maryse.

3. Chemisez un petit moule rond de film alimentaire. Versez la préparation dans le moule et filmez-le hermétiquement.

4. Versez 20 cl d'eau dans la cuve de votre appareil. Disposez le panier vapeur, puis le moule dans la cuve. Faites cuire 40 minutes en mode cuisson rapide.

5. Laissez tempérer 1 heure minimum avant de servir tiède.

6. Épluchez les 2 bananes restantes, coupez-les en morceaux et faites-les griller avec le beurre restant dans la cuve de votre appareil en mode dorer. Disposez les bananes encore chaudes sur le cake et dégustez.

CAKE
à la betterave

PRÉPARATION : 20 MIN

CUISSON : 40 MIN

POUR 4 À 6 PERS.

RÉFRIGÉRATION : 30 MIN

INGRÉDIENTS

- 200 g de betteraves crues
- 150 g de farine
- 120 g de sucre cassonade
- 110 g de beurre mou
- 40 g de gingembre frais
- 70 g de cerneaux de noix
- 2 œufs
- 3 cuil. à soupe de mascarpone
- ½ cuil. à café de bicarbonate de soude
- 2 branches d'estragon
- Fleur de sel

PRÉPARATION

1. Épluchez et râpez les betteraves et le gingembre. Mettez 20 g de betterave crue de côté pour la finition. Concassez les noix.

2. À l'aide d'un batteur électrique, fouettez les œufs avec le sucre et le sel pendant 5 minutes. Ajoutez le beurre et fouettez 1 minute supplémentaire. Incorporez délicatement la betterave, le gingembre, 50 g de noix et le bicarbonate à l'aide d'une maryse. Incorporez ensuite la farine.

3. Chemisez un petit moule rond de film alimentaire. Versez la préparation dans le moule et filmez-le hermétiquement.

4. Versez 20 cl d'eau dans la cuve de votre appareil. Disposez le panier vapeur, puis le moule dans la cuve. Faites cuire 40 minutes en mode cuisson rapide.

5. Placez au frais 30 minutes minimum avant de servir.

6. Retournez le gâteau dans une assiette. Recouvrez de mascarpone, de betterave râpée, de noix et d'estragon fraîchement ciselé.

CARROT *cake*

PRÉPARATION : 10 MIN

CUISSON : 40 MIN

POUR 4 PERS.

RÉFRIGÉRATION : 30 MIN

INGRÉDIENTS

- 250 g de carottes
- 150 g de farine
- 2 œufs
- 140 g de sucre cassonade
- 110 g de beurre mou
- 70 g d'amandes
- 1 orange bio
- ½ cuil. à café de poudre de vanille
- 1 cuil. à café d'épices pour pain d'épice
- 1 cuil. à café de gingembre en poudre
- ½ cuil. à café de bicarbonate de soude
- Fleur de sel

Pour servir (facultatif) :

- 80 g de crème fraîche épaisse
- 2 cuil. à soupe de sirop d'érable
- 3 branches de menthe fraîche

PRÉPARATION

1. Épluchez et râpez les carottes. Râpez la moitié de l'orange. Concassez les amandes.

2. À l'aide d'un batteur électrique, fouettez les œufs avec le sucre pendant 5 minutes. Ajoutez le beurre et fouettez 1 minute supplémentaire. Incorporez délicatement 50 g d'amandes, les zestes d'orange, la poudre de vanille, le gingembre, les épices et le bicarbonate à l'aide d'une maryse. Ajoutez délicatement les carottes, le sel et enfin la farine.

3. Chemisez un petit moule rond de film alimentaire. Versez la préparation dans le moule et filmez-le hermétiquement.

4. Versez 20 cl d'eau dans la cuve de votre appareil. Disposez le panier vapeur, puis le moule dans la cuve. Faites cuire 40 minutes en mode cuisson rapide.

5. Placez au frais 30 minutes minimum avant de servir.

6. Retournez le gâteau dans une assiette et parsemez d'amandes concassées. Accompagnez, si vous le souhaitez, de crème fraîche, de sirop d'érable et de menthe ciselée.

Compote
POMMES, POIRES,
quatre-épices

PRÉPARATION : 5 MIN

CUISSON : 8 MIN

POUR 4 PERS.

INGRÉDIENTS

- 600 g de pommes rouges
- 600 g de poires
- 3 cuil. à soupe de miel
- 1 cuil. à café de quatre-épices
- 2 yaourts nature
- 2 cuil. à soupe de mélange de graines pour salade
- ½ botte d'estragon

PRÉPARATION

1. Épluchez les pommes et les poires, coupez-les en deux, évidez-les et taillez-les en gros morceaux.

2. Versez-les dans la cuve de votre appareil. Ajoutez 10 cl d'eau, 2 cuillerées à soupe de miel et le quatre-épices. Faites cuire 8 minutes en mode cuisson rapide.

3. Mixez les fruits pour obtenir une compote.

4. Servez la compote avec du yaourt blanc, le miel restant, des petites graines et parsemez légèrement d'estragon fraîchement ciselé.

CONFITURE KIWI, *mangue, orange*

PRÉPARATION : 8 MIN

CUISSON : 40 MIN

POUR 4 PERS.

RÉFRIGÉRATION : 2 H

INGRÉDIENTS

- 2 kiwis
- 1 mangue
- 3 oranges
- 3 clous de girofle
- 2 anis étoilés
- 1 cuil. à soupe de sucre de coco
- 1/3 de botte de menthe (facultatif)

PRÉPARATION

1. Épluchez les kiwis et la mangue et coupez-les en gros morceaux. Pressez les oranges.
2. Versez les fruits et le jus d'orange dans la cuve de votre appareil avec les clous de girofle, l'anis étoilé et le sucre de coco. Faites cuire 20 minutes en mode cuisson rapide, puis prolongez la cuisson de 20 minutes en mode dorer.
3. Retirez les clous de girofle et l'anis et mixez le tout.
4. Réservez 2 heures minimum au frais. Dégustez agrémenté de menthe ciselée si vous aimez.

Compote abricot, RHUBARBE, *verveine*

PRÉPARATION : 5 MIN

CUISSON : 8 MIN

POUR 4 PERS.

INGRÉDIENTS

- 500 g d'abricots
- 250 g de rhubarbe
- 1 cuil. à soupe de verveine (si possible fraîche) + quelques feuilles pour servir
- 1 cuil. à soupe de pignons de pin
- 5 cuil. à soupe de sirop d'agave
- 4 cuil. à soupe de ricotta

PRÉPARATION

1. Coupez les abricots en deux et dénoyautez-les. Épluchez et émincez la rhubarbe.
2. Versez les abricots, la rhubarbe et la verveine dans la cuve de votre appareil. Ajoutez 10 cl d'eau, 3 cuillerées à soupe de sirop d'agave et faites cuire 8 minutes en mode cuisson rapide.
3. Mixez les fruits pour obtenir une compote.
4. Servez la compote avec de la ricotta, le sirop d'agave restant, des pignons de pin et si possible de la verveine fraîche ciselée.

POIRES
au vin rouge

PRÉPARATION : 5 MIN

CUISSON : 20 MIN

POUR 4 PERS.

INGRÉDIENTS

- 4 poires williams
- 30 cl de vin rouge
- 150 g de sucre en poudre
- 2 clous de girofle
- 8 palets bretons

PRÉPARATION

1. Épluchez délicatement les poires (si possible à l'aide d'un épluche-légumes rasoir).
2. Mettez les poires, le vin, le sucre et les clous de girofle dans la cuve de votre appareil. Faites cuire 12 minutes en mode cuisson rapide.
3. Débarrassez les poires et faites réduire le vin en mode cuisson rapide jusqu'à obtenir un joli sirop.
4. Servez les poires avec le sirop et des palets bretons concassés.

Salade DE FRUITS *exotiques*

PRÉPARATION : 10 MIN

CUISSON : 1 MIN

POUR 4 PERS.

REPOS : 1 H

INGRÉDIENTS

- 1 ananas pelé et coupé en tranches, puis en quartiers
- 1 mangue pelée et coupée en cubes
- 250 g de litchis en boîte avec le jus
- 4 cuil. à soupe de graines de grenade (facultatif)
- 2 étoiles de badiane
- 2 sachets de sucre vanillé
- 1 tige de menthe effeuillée

PRÉPARATION

1. Versez le jus des litchis dans la cuve, puis l'ananas, les étoiles de badiane, le sucre vanillé, fermez le couvercle et mettez le robot en mode sous pression pour 1 minute.
2. Ajoutez la mangue, les litchis et les graines de grenade, puis laissez refroidir 1 heure au réfrigérateur.
3. Retirez les étoiles de badiane, parsemez les feuilles de menthe et servez aussitôt.

Pour une saveur plus marquée, ajoutez quelques pincées d'épices à pain d'épice.

Index des recettes

Auteurs des recettes et crédits photographiques

Vincent Amiel pour les recettes et le stylisme culinaire des pages 8-9, 20-21, 22-23, 26-27, 34-35, 36-37, 38-39, 40-41, 42-43, 44-45, 50-51, 52-53, 54-55, 56-57, 58-59, 62-63, 64-65, 66-67, 74-75, 78-79, 84-85, 92-93, 106-107, 108-109, 114-115, 118-119, 122-123, 124-125, 126-127, 128-129, 130-131, 138-139, 140-141, 142-143, 146-147, 148-149, 150-151, 152-153, 162-163, 164-165, 166-167, 168-169, 170-171, 172-173, 174-175, 176-177, 178-1799, 180-181, 182-183, 184-185, 186-187, 188-189, 190-191, 192-193, 194-195, 196-197, 200-201, 204-205, 206-207, 208-209, 210-211, 212-213, 214-215, 218-219, 220-221, 222-223, 224-225, 226-227, 228-229, 230-231, 232-233, 240-241, 242-243, 244-245, 246-247, 248-249, 250-251, 252-253, 254-255, 266-267, 268-269, 270-271, 272-273, 274-275, 278-279, 280-281, 284-285, 286-287, 288-289, 290-291, 292-293, 296-297, 298-299, 300-301, 302-303, 304-305, 306-307, 308-309, 310-311, 312-313, 314-315 et **Claire Payen** pour les photographies des pages : 9, 21, 23, 27, 35, 37, 39, 41, 43, 45, 51, 53, 55, 57, 59, 63, 65, 67, 75, 79, 85, 93, 107, 109, 115, 119, 123, 125, 127, 129, 131, 139, 141, 143, 147, 149, 151, 153, 163, 165, 167, 169, 171, 173, 175, 177, 179, 181, 183, 185, 187, 189, 191, 193, 195, 197, 201, 205, 207, 209, 211, 213, 215, 219, 221, 223, 225, 227, 229, 231, 233, 241, 243, 245, 247, 249, 251, 253, 255, 267, 269, 271, 273, 275, 279, 281, 285, 287, 289, 291, 293, 297, 299, 301, 303, 305, 307, 309, 311, 313, 315.

Dorian Nieto pour les recettes et photographies des pages : 10-11, 12-13, 14-15, 16-17, 18-19, 24-25, 28-29, 30-21, 32-33, 48-49, 60-61, 68-69, 70-71, 72-73, 76-77, 80-81, 82-83, 86-87, 88-89, 90-91, 94-95, 96-97, 98-99, 100-101, 102-103, 104-105, 110-111, 112-113, 116-117, 120-121, 134-135, 136-137, 144-145, 154-155, 156-157, 158-159, 160-161, 202-203, 216-217, 234-235, 236-237, 238-239, 256-257, 258-259, 260-261, 262-263, 264-265, 282-283, 294-295, 316-317.

Directeur éditorial : **Didier Férat**
Édition : **Diane Monserat et Marjorie Goussu**
Graphisme : **Julia Philipps**
Mise en pages et photogravure : **Nord Compo**
Fabrication : **Laurence Duboscq**

ISBN : 978-2-263-16083-7
Code éditeur : L16083
Dépôt légal : mai 2019
Imprimé en France par Pollina - 88991